HIGHLIGHTS USA NATIONALPARKS

DIE 50 ZIELE, DIE SIE GESEHEN HABEN SOLLTEN

HIGHLIGHTS USA NATIONALPARKS

Christian Heeb
Margit Brinke und
Peter Kränzle

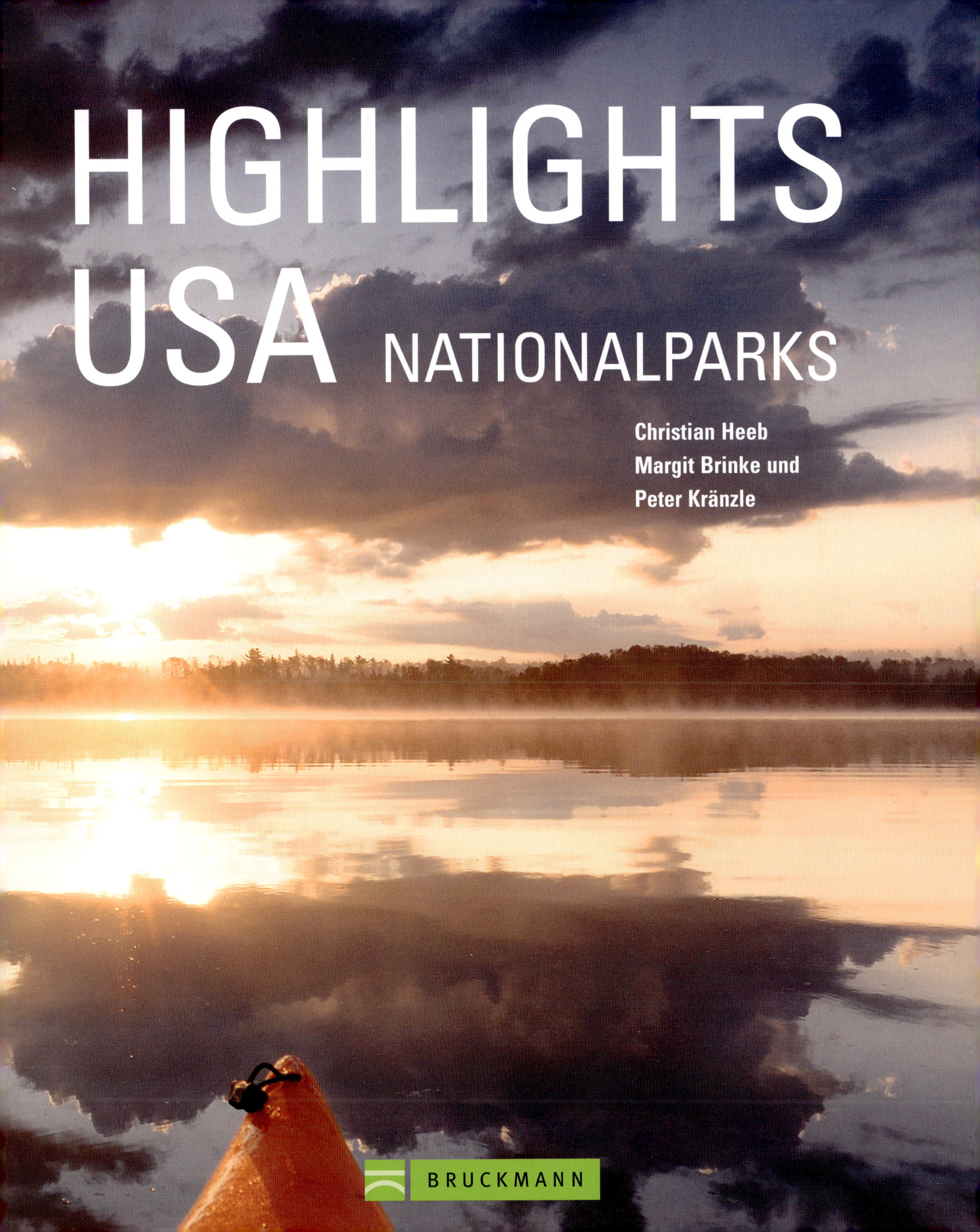

BRUCKMANN

Es gibt in den USA heute 391 unter Schutz gestellte Park Units, darunter spektakuläre Landschaften im Südwesten wie die Nationalparks Arches (oben) und Bryce Canyon (unten).

Inhaltsverzeichnis

Rocky Mountains und Great Plains

Der Osten

Mag auch der US-Westen jener Teil sein, der für seine spektakulären Nationalparks berühmt ist, so gibt es doch auch im Osten, etwa im Great Smoky Mountains National Park, sehenswerte Schutzgebiete.

National Parks in Alaska
10
Anchorage
500 km
310 miles
Vancouver
Olympic National Park
8
North Cascades National Park
9
K A N A
Seattle
11
Lewis and Clark National Historical Park
Columbia R.
Spokane
Glacier National Park
28
Astoria
Mount St. Helens
2549
WASHINGTON
Coeur d'Alene
Browning
Havre
Malta
Wolf Point
Williston
Minot
Portland
Columbia R.
Walla Walla
Great Falls
Missouri R.
30
Salem
Pendleton
Missoula
Theodore Roosevelt National Park
NORT DAKO
Helena
MONTANA
Lake Sakakawea
Coos Bay
Eugene
12
Butte
Bismarck
Medora
Dickinson
Bend
John Day Fossil Beds National Monument
Bozeman
Billings
7
36
Crater Lake National Park
IDAHO
Dillon
Little Bighorn Battlefield National Monument
Medford
26
New Agency
Missouri R.
Crescent
OREGON
Boise
Yellowstone National Park
Cody
Sheridan
Devils Tower National Monument
Redwood National Park
Klamath Falls
Dayton
SOUT DAKO
6
Snake R.
Idaho Falls
27
Grand Teton National Park
Buffalo
33
Eureka
4317
Mount Shasta
Spearfish
Rapid City
Pierre
Twin Falls
Pocatello
Gannett Peak
4202
Jackson
Riverton
Redding
Lassen Volcanic National Park
Mount Rushmore National Monument
32
5
Great
Badlands National Park
31
WYOMING
Casper
Great Salt Lake
Rock Springs
Fort Laramie National Historic Site
Reno
37
Scottsbluff
Carson City
Basin
Salt Lake City
Cheyenne
NEBRASKA
Sacramento
Provo
North Platte
San Francisco
Oakland
Yosemite National Park
Rocky Mountain National Park
NEVADA
Ely
29
1
UTAH
Great Basin National Park
Boulder
Grand Jct.
Denver
Salinas
Kings Canyon National Park
Capitol Reef National Park
17
Moab
Arches National Park
Fresno
3
Bryce Canyon National Park
18
KALIFORNIEN
Death Valley National Park
Colorado Springs
Sequoia National Park
16
19
2
15
Lake Powell
Canyonlands National Park
Pueblo
KANSAS
Tallgrass National Pre
San Luis Obispo
Zion National Park
20
Mesa Verde National Park
Las Vegas
Grand Canyon National Park
Bakersfield
COLORADO
23
Durango
14
Kayenta
Shiprock
Santa Barbara
Navajo National Monument
Kingman
4
Los Angeles
Anaheim
Joshua Tree National Park
22
Gallup
U
Flagstaff
Santa Fe
Petrified Forest National Park
Oklahoma Cit
ARIZONA
Amarillo
Colorado R.
Albuquerque
San Diego
Phoenix
OKLA
NEW MEXICO
Rio Grande
Yuma
PAZIFISCHER OZEAN
21
Wichita Falls
Tucson
Carlsbad Caverns National Park
Lubbock
Lordsburg
Saguaro National Park
Las Cruces
24
Fort Wort
El Paso
Nogales
Abilene
Midland
Odessa
TEXAS
KAUAI
NIIHAU
OAHU
MOLOKAI
Big Bend National Park
MAUI
25
San Antonio
LANAI
San A Natio
KAHOOLAWE
35
M E X I K O
13
HAWAII
100 km
62 miles
Hawai'i Volcanoes National Park
Bro

USA
N
250 km
155 miles
Nationalparks
Westküste
Südwesten und Colorado Plateau
Rocky Mountains und Great Plains
Osten
NH = New Hampshire
MA = Massachusetts
CT = Connecticut
RI = Rhode Island
VM = Vermont
ATLANTISCHER OZEAN
GOLF VON MEXIKO
46 Voyageurs National Park
45 Isle Royale National Park
43 Pictured Rocks National Lakeshore
49 Pipestone National Monument
42 Acadia National Park
47 Statue of Liberty National Monument
50 Gettysburg National Military Park
44 Cuyahoga Valley National Park
48 National Mall
41 Shenandoah National Park
40 Blue Ridge Parkway
39 Great Smoky Mountains National Park
38 Everglades National Park
Lake Superior
Lake Huron
Lake Michigan
Lake Ontario
Lake Erie
Mississippi R.
Ohio R.
Hudson R.
Tennessee R.
Arkansas R.
Red R.
Appalachian Mountains
Florida Keys
Cape Cod
MINNESOTA
WISCONSIN
MICHIGAN
IOWA
ILLINOIS
INDIANA
OHIO
PENNSYLVANIA
NEW YORK
MAINE
VM
NH
MA
CT
RI
NEW JERSEY
DELAWARE
MARYLAND
WEST VIRGINIA
VIRGINIA
KENTUCKY
MISSOURI
ARKANSAS
TENNESSEE
NORTH CAROLINA
SOUTH CAROLINA
MISSISSIPPI
ALABAMA
GEORGIA
LOUISIANA
FLORIDA
Québec
Montréal
Toronto
Houlton
Bar Harbor
Augusta
Portland
Manchester
Boston
Springfield
Newport
Hartford
Montpelier
Burlington
Albany
Syracuse
Rochester
Niagara Falls
Buffalo
Binghampton
Erie
New York City
Philadelphia
Atlantic City
Gettysburg
Washington, D.C.
Charlottesville
Richmond
Newport News
Norfolk
Virginia Beach
Roanoke
Greensboro
Winston-Salem
Raleigh
Fayetteville
Wilmington
Charlotte
Asheville
Knoxville
Chattanooga
Nashville
Memphis
Florence
Columbia
Charleston
Atlanta
Augusta
Macon
Savannah
Jacksonville
St. Augustine
Tallahassee
Panama City
Pensacola
Mobile
Montgomery
Birmingham
Tupelo
Columbus
Meridien
Jackson
Hattiesburg
Vicksburg
Natchez
Greenville
Baton Rouge
Lafayette
New Orleans
Houston
Shreveport
Texarkana
Little Rock
Tulsa
Springfield
St. Louis
Kansas City
Louisville
Lexington
Charleston
Cincinnati
Dayton
Columbus
Indianapolis
Terre Haute
Springfield
Preoria
Davenport
Des Moines
Chicago
Milwaukee
Madison
Green Bay
Grand Rapids
Detroit
Toledo
Cleveland
Wheeling
Sault Ste.-Marie
Duluth
Saint Paul
Minneapolis
Saint Cloud
Eau Claire
Sioux City
Orlando
Cape Canaveral
Tampa
St. Petersburg
Sarasota
Fort Myers
West Palm Beach
Fort Lauderdale
Miami
Key West

Die Nationalparks in den USA können ganz verschiedene Gesichter haben Oben links ein Park in Alaska, darunter Landschaften in den Rocky Mountains, rechts in den Badlands.

National Parks

Amerikas beste Idee

»Die beste Idee, die wir jemals hatten«, schwärmte einmal Wallace Stegner (1909–1993), Historiker, Autor, Pulitzer-Preisträger und legendärer Umweltaktivist der ersten Stunde, über die Einrichtung der Nationalparks in den USA, für ihn eine Aktion, die »absolut amerikanisch und absolut demokratisch« war und dazu ein wegweisender Schritt in Sachen Umweltschutz.

Die Idee, Land unter den Schutz des Staates und damit der Allgemeinheit zu stellen, hat in den USA eine lange Tradition. Selbst in den ersten Jahren der jungen Nation, als man eigentlich nur auf neues Siedlungsland aus war, gab es immer wieder Persönlichkeiten, die von der Schönheit der Wildnis derart angetan waren, dass sie deren Schutz forderten.

Etwa ein gewisser Galen Clark, eigentlich ein Abenteurer, den die Goldfunde von 1848 nach Kalifornien gelockt hatten. Clark, den die grandiose Natur der Sierra Nevada nicht mehr losließ, gelang es gemeinsam mit dem kalifornischen Senator John Conness, US-Präsident Abraham Lincoln 1864 – mitten im amerikanischen Bürgerkrieg – davon zu überzeugen, den *Yosemite Grant Act* zu unterzeichnen. Mit diesem Gesetz wurde der Staat Kalifornien beauftragt, das Yosemite-Tal vor menschlichen Übergriffen zu schützen, Zerstörung und Kommerzialisierung zu verhindern. Erstmals in der Geschichte war damit ein Gebiet unter Naturschutz gestellt worden; 1890 sollte daraus ein Nationalpark werden.

Der Yosemite war damit jedoch nicht der erste Nationalpark in den USA – das war der Yellowstone. Bei seiner Ausweisung spielte eine schillernde Persönlichkeit eine tragende Rolle: John Colter.

Der Teilnehmer an der legendären Lewis & Clark-Expedition, die zwischen 1804 und 1806 den Nordwesten im Auftrag von Präsident Thomas Jefferson erforscht hatte, zog später als Trapper durch die Rocky Mountains. Immer wieder berichtete er von fantastischen Abenteuern und grandiosen Naturschauspielen, besonders um den Yellowstone River; er beschrieb Geysire, heiße Quellen und Feuer speiende und stinkende Felsspalten inmitten einer traumhaften Wald- und Berglandschaft, bevölkert von unzähligen wilden Tieren.

In St. Louis, wo Colter regelmäßig auftauchte, um Felle zu verkaufen, lachte man über *Colter's folly*, über »Colters Hirngespinst«. Doch dann erzählten

Der Vielfalt sind keine Grenzen gesetzt: von ausgedehnten Wäldern über Vulkane (rechts oben der Lassen Volcanic National Park), bis hin zu hohen Bergen und Gletschern (unten links Alaska) – Amerikas Nationalparks können ganz unterschiedlich aussehen.

andere *Mountain Men*, wie man die Fallensteller und Jäger nannte, Ähnliches, und ganz allmählich wurden die Politiker selbst in der fernen Hauptstadt Washington hellhörig. 1871 entschloss sich die Regierung, eine wissenschaftliche Expedition in die Wildnis um den Yellowstone River zu entsenden.
Der nach dieser Forschungsreise veröffentlichte Bericht des Expeditionsleiters Dr. Ferdinand V. Hayden, Direktor des U.S. Geological & Geographical Survey of the Territories, sorgte ebenso wie die Gemälde des mitgereisten Künstlers Thomas Moran und die Fotos von William Henry Jackson für derartiges Aufsehen, dass Präsident Ulysses S. Grant am 1. März 1872 den Yellowstone zum ersten Nationalpark der Vereinigten Staaten erklärte. Von hier aus breitete sich die Nationalparkidee erst innerhalb den USA, dann auch in Kanada und schließlich weltweit aus.

Die älteste Umweltschutzbehörde

Zunächst oblag die Parkverwaltung ganz unterschiedlichen Behörden, dann unterzeichnete Präsident Woodrow Wilson am 25. August 1916 den sogenannten *National Park Service Organic Act* und schuf damit eine eigene, dem Innenministerium (*Department of the Interior)* unterstellte Behörde, die älteste Umweltschutzbehörde der Welt. Seither verwaltet der National Park Service (NPS) nicht nur die heute 58 Nationalparks der USA, sondern die insgesamt 391 Park Units.
Park Ranger sind für das Wohlergehen der Parks wie deren Besucher zuständig und teilen sich prinzipiell vier Aufgabenbereiche – *Education & Interpretation, Maintenance, Administration* und *Law Enforcement* – Letztere üben auf dem Parkgelände auch Polizeigewalt aus. Von den Rangern aus der Education-Abteilung erhält man die nötigen Erlaubnis-

scheine (*Permits*) für längere Wanderungen und das Zelten im Hinterland; sie überwachen zudem die Campingplätze und führen vielerlei Aktivitäten durch, darunter Touren und Vorträge. Andere wiederum kümmern sich um das Wildmanagement. Gemäß einem Gesetz von 1916 soll der National Park Service, die »Landschaft und die darin befindlichen natürlichen und historischen Objekte wie auch die Flora und Fauna erhalten«, damit sie auch zukünftigen Generationen »intakt zur Freude gereichen«! Schon 1906 hatte Präsident Teddy Roosevelt, der lange Zeit in der Wildnis North Dakotas als Rancher gelebt hatte, den wegweisenden *Antiquities Act* durchgesetzt. Dieser gab jedem Präsidenten das Recht, ohne Zustimmung anderer Gremien – was etwa bei Nationalparks, zu denen der Kongress sein Plazet geben muss, relativ langwierig ist – sogenannte *National Monuments* auszuweisen. Roosevelt erklärte damit 1906 den Devils Tower zum ersten National Monument, weitere 18 (!) sollten während seiner Amtszeit folgen, ebenso noch fünf Nationalparks. Womit Roosevelt der erste führende Politiker war, der aktiv Naturschutz praktizierte und dem Raubbau an der Natur Einhalt gebot.

Zu viel Naturliebe?

Während fast die Hälfte der National Parks (NP) weniger als eine halbe Million Besucher jährlich verbucht, drängeln

Die unter Schutz gestellten Naturareale weisen nicht nur verschiedenste Landschaften, sondern auch eine vielfältige Flora und Fauna auf, in Alaska (links) eine ganz andere als z.B. in den Rockies (oben).

Natur und Mensch – gelegentlich stehen sie in den Nationalparks im Widerspruch, da die Besucherzahlen konstant steigen. Es gibt jedoch auch immer noch weite, einsame Naturareale, z.B. den Sequoia National Park (links unten) oder den Bryce Canyon National Park (rechts oben). Rechte Seite: Badwater Basin im Death Valley National Park.

sich in den zehn beliebtesten zwei bis neun Millionen. Insgesamt kommen über 285 Millionen Menschen jedes Jahr in die vom National Park Service betreuten Gebiete. Der Ausspruch »Wir lieben unsere Parks zu Tode« hat eine gewisse Berechtigung. Immer wieder werden deshalb Pläne diskutiert, die Besucherzahlen zu beschränken. Da jedoch ein Nationalpark nicht nur die Aufgabe hat, die Ursprünglichkeit eines Gebiets möglichst zu bewahren, sondern auch der Erholung und Erbauung des Menschen dienen soll, ist die Situation schwierig. Deshalb sind Erhöhungen der Eintrittspreise und in manchen Gebieten Zugangsbeschränkungen in der Hauptsaison die bisher einzigen Maßnahmen geblieben.

Besuchermassen bilden jedoch nur eines der Probleme. Industrieanlagen sind den Parks oft bedrohlich nahe gerückt, beeinflussen deren Wasserhaushalt ebenso wie die Luftqualität. Wälder, die zwar außerhalb der Parkgrenzen liegen, aber zum erweiterten Lebensraum der Tiere gehören, wurden gerodet. Andererseits bedrohen wieder eingeführte Raubtiere, etwa die Wölfe im Yellowstone, die Viehzucht. Auch die stetig wachsenden Bisonherden halten sich selten an Parkgrenzen und verbrüdern sich zum Ärger der Farmer gern mit ihren gezähmten Artgenossen. Da in letzter Zeit zudem die Finanzmittel gekürzt wurden, ist die Lage der Parks gegenwärtig nicht die beste, und der ursprüngliche Naturschutzgedanke muss sich immer stärker gegen kommerzielle Interessen behaupten.

This land is your land ...

Der Refrain »This land is your land, this land is my land – from California to the New York Island« war 1944 eine Liebeserklärung des Liedermachers Woody Guthrie an seine Heimat. In der Tat sind von den etwa 9,8 Millionen Quadratkilometern US-Landfläche immerhin fast

2,6 Millionen als Public Land ausgewiesen; bei mehr als einem Viertel – im Westen sind es sogar fast zwei Drittel – handelt es sich also um öffentliches Land. Allerdings unterstehen davon nur rund 320 000 Quadratkilometer dem National Park Service.
Abgesehen von den 58 Nationalparks gliedern sich die anderen Park Units in eine Vielzahl Schutzgebiete: *National Historical Parks* und *Sites, National Monuments* und *Memorials, Battlefields* und *Military Parks, National Preserves* und *Recreation Areas, National Seashores* und *Lakeshores, Reserves* und *Parkways*.
Da nicht jede interessante Region zum Nationalpark erklärt werden kann, ermöglicht es der *Wilderness Act* von 1964, auch weniger bedeutsame Areale unter Schutz zu stellen, bis dato über 700 Gebiete, fast fünf Prozent der gesamten USA oder rund 435 000 Quadratkilometer. Diese Areale verfügen meist über keine Infrastruktur und der Zugang ist reglementiert.

Wie diese *Wilderness Areas* wird der Rest des öffentlichen Landes von drei anderen Behörden des Innenministeriums – BLM (*Bureau of Land Management*), *US Fish and Wildlife Service* und *Bureau of Reclamation* – sowie vom *US Forest Service*, einer Abteilung des Landwirtschaftsministeriums, verwaltet. In diesen Arealen sind in begrenztem Umfang Jagen, Beweidung, Bergbau oder Holzschlag erlaubt, während die dem National Park Service unterstellten Gebiete komplett unangetastet bleiben.
Der in den USA berühmte Dokumentarfilmer Ken Burns hat zuletzt mit der Filmserie *The National Parks: America's Best Idea* der Idee des Nationalparks und dem NPS ein Denkmal gesetzt. Auch Präsident Barack Obama ist sich der Bedeutung der Schutzgebiete bewusst, er erklärte, dass »unser Wohlstand auf lange Sicht von dem behutsamen Umgang mit der Luft, die wir atmen, dem Wasser, das wir trinken, und dem Land, das wir bestellen, abhängt«.

ZAHLEN UND DATEN ZUM NATIONAL PARK SERVICE

- 25. August 1916: Gründung des National Park Service durch den National Park Service Organic Act
- 1. April 1872: Der Yellowstone wird erster Nationalpark
- größter National Park: Wrangell-St. Elias National Park & Preserve (Alaska) mit ca. 53 300 qkm
- kleinster National Park: Thaddeus Kosciuszko National Monument mit gut 800 qkm
- etwa 20 000 Mitarbeiter – fest angestellt, zeitlich begrenzt und jährlich neu angestellte –, dazu an die 170 000 Ehrenamtliche (5,4 Millionen Arbeitsstunden im Jahr!)
- jährliches Budget: 2,75 Milliarden Dollar
- National Park Service garantiert 246 000 Arbeitsplätze vor Ort und generiert 12 Milliarden Dollar an Wirtschafsteinnahmen
- NPS unterhält 909 Visitor Centers in seinen 392 Units
- 127 Millionen Besucher nehmen alljährlich an mehr als 600 000 Events & Ranger Programen teil, rund 565 000 Kinder am »Junior Ranger«-Programm.
- 147 der 391 Units verlangen Eintritt, der zwischen $ 5 und $ 25 liegt, der Rest ist frei zugänglich
- Infos zum NPS und einzelnen National Parks: www.nps.gov
- Infos zum Film *The National Parks: America's Best Idea*: www.pbs.org/nationalparks

An der nordamerikanischen Westküste brodeln nicht nur Vulkane (oben Mitte), sondern dort liegt mit dem Yosemite National Park (rechts und oben) auch eines der berühmtesten Naturschutzgebiete der Welt.

Die Westküste

1864 zum Schutzgebiet erklärt, zählt der Yosemite National Park heute zu den meistbesuchten Parks der USA. Der Hauptansturm konzentriert sich dabei auf das idyllische kleine Yosemite Valley (oben und rechts). Rechte Seite: Blick vom Glacier Point auf den Half Dome (oben) und den Merced River Fall (unten).

1 Yosemite National Park

Erstes Naturschutzgebiet der Welt

Der Yosemite National Park rühmt sich nicht nur einer grandiosen Berglandschaft, er steht auch beispielhaft für staatlichen Naturschutz. Das ist US-Präsident Abraham Lincoln zu verdanken: Bereits im Jahr 1864 hatte er den Yosemite Grant Act unterzeichnet, ein Gesetz, das Teile des Yosemite Valley zum ersten geschützten Naturgebiet der Welt machte. Es war damals noch dem Staat Kalifornien als *State Park* unterstellt.

Bis in die Mitte des 19. Jahrhunderts lebten im Yosemite-Tal die Miwok-Indianer noch wie im Paradies. Selbst der Goldrausch von 1849 sorgte nur kurz für Unruhe, und bald gehörte das Gebiet wieder ihnen – und den Freunden der Natur. Die hatten immerhin durchsetzen können, dass das Tal schon 1864 zum Schutzgebiet erklärt worden war. Allerdings beklagte bereits 1889 der bekannte Naturschützer John Muir öffentlich die Zunahme der Schafzucht und die darauf zurückzuführende Zerstörung der Landschaft. Mithilfe von Freunden initiierte er eine groß angelegte Kampagne, und am 1. Oktober 1890 wurde das Yosemite Valley zum Nationalpark ernannt. Als Muir dann 1903 mit Präsident Theodore Roosevelt zusammentraf, konnte er ihn überreden, das Gebiet 1906 zu vergrößern.
Inzwischen hat der Besucheransturm enorme Ausmaße angenommen, und es besteht die Gefahr, dass aus dem Naturein Vergnügungspark wird. Fast vier Millionen Menschen pro Jahr lassen sich auch durch erhöhte Eintrittspreise, obligatorische Vorausbuchungen und zeitweilige Schließung der Tore bei zu starkem Andrang nicht abhalten.
Inzwischen gibt es Überlegungen, das Yosemite Valley ganz für den Individualverkehr zu sperren – um die Natur vor den Naturliebhabern zu schützen ...
Kostenlose Shuttle-Busse fahren zu den wichtigsten Attraktionen und Unterkünften im Yosemite Valley wie auch zum El Capitan im Südwesten des Parks. Besonders beliebt wegen des Panoramas sind Glacier Point und Half Dome. El Capitan und Half Dome werden zunehmend von Climbern entdeckt und entsprechend von Schaulustigen umlagert. Daneben gehören die Yosemite Falls zu den Highlights des Parks. Sie bestehen aus den Lower und Upper Falls, wobei Letztere mit 740 Metern als die höchsten Wasserfälle der USA gelten.

Steile Felswände wie am Granite Dome am Tioga Pass, die bei Climbern beliebt sind, Wild, riesenhafte Mammutbäume, Seen, Wasserfälle und Ausblicke, die spektakulärer nicht sein könnten – das alles vereint der Yosemite National Park. Rechte Seite: Atemberaubender Aussichtspunkt: Der Glacier Point.

Weniger frequentiert ist hingegen die nur ein paar Monate im Jahr befahrbare Passstrecke Tioga Road im Norden des Parks. Diese Traumroute führt hoch hinauf auf das Sierra-Hochplateau und stellt die einzige West-Ost-Verbindung dar.

Eindrucksvolle Vielfalt

In der traumhaften Bergwelt der Sierra Nevada verstecken sich interessante geologische Formationen, Relikte der Eiszeiten: Gletscher, Vulkane, Geysire, Wasserfälle und Quellen. Die Sierra Nevada, in der der Yosemite National Park liegt, ist erdgeschichtlich mit nur rund zehn Millionen Jahren relativ jung. Die Bergkette entstand beim Aufeinandertreffen der pazifischen und der nordamerikanischen Erdplatte. Erosionen und Flüsse schufen Canyons und Gletscher, bestimmten das Landschaftsbild maßgeblich mit. Die Berge erreichen knapp 4000 Meter Höhe, wobei 80 Prozent der Region bewaldet sind. Überwiegend handelt es sich um Nadelwälder aus Tannen und Kiefern sowie den eindrucksvollen Giant Sequoias (Mammutbäume).

Fünf der sieben in den USA vertretenen Vegetationsstufen sind hier zu finden, und die Vielfalt an Flora und Fauna ist beeindruckend. Sie umfasst rund 1400 Blumenarten, 37 verschiedene Bäume – darunter Sequoia, Douglasie, Zuckerpinie, Zeder, Kiefer, Silberfichte –, 247 Vogel-, 80 verschiedene Säugetier- und 22 Reptilienarten. Schwarzbären sind häufig zu beobachten, ebenso Murmeltiere, Rotfüchse, Stinktiere oder Pfeifhasen, wohingegen Berglöwen, Dickhornschafe, Wanderfalken oder die Weißkopfseeadler selten geworden sind. Der Grizzly wurde in Kalifornien komplett ausgerottet – er ist heute nur noch als Wappentier präsent.

Ansel Adams und die Liebe zur Natur

Rund 90 Prozent aller Besucher konzentrieren sich auf etwa ein Prozent der Parkfläche, im und um das Yosemite Village, ein rund 12 mal 1,5 Kilometer großes vom Merced River durchflossenes Tal. Hier lohnt nicht nur der Besuch des Indian Cultural Center, sondern auch des kleinen Museums, das an den Fotografen Ansel Adams (1902–1984) erinnert. Er war 1937 ins Yosemite Valley gezogen, um sich ganz der Fotografie zu widmen. In wenigen Jahren schuf er eine grandiose Serie gestochen scharfer Schwarzweißfotos. Er hielt die Landschaft in ihrer ursprünglichen, vom Menschen unberührten Gestalt in beeindruckender Stille und Zeitlosigkeit fest. Gleichzeitig setzte er sich aber auch für eine Ausweitung des staatlichen Nationalparksystems und gegen eine infrastrukturelle Überentwicklung des Gebiets ein.

Adams liebte nicht nur »sein« Yosemite Valley, er bereiste auch andere Nationalparks, Hawaii, Alaska und die Küste um Big Sur, fotografierte die Redwoods und die Seelöwen vor Kaliforniens Küste. Vor allem ab 1940 entstanden die Bildserien von den amerikanischen Nationalparks. Auch wenn Kritiker Adams vorwarfen, einem idealisierten Naturbild nachzuhängen, ist es letztlich ihm zu verdanken, dass große Teile der amerikanischen Wildnis weitgehend unberührt erhalten blieben. Als Adams am

22. April 1984 in Monterey starb, hinterließ er über 40 000 Negative und 10 000 Drucke und hatte an zahllosen Büchern und 500 Ausstellungen als Autor und/oder Fotograf mitgewirkt.

Pralles Besichtigungsprogramm

Idealer Ausgangspunkt für die Erkundung des Parks ist das Yosemite Village. Alle vier Zufahrtswege in den Park hinein enden in dem 1200 Meter hoch gelegenen, von hohen Bergen umgebenen Talkessel. Abgesehen vom Dorf selbst mit verschiedenen interessanten Museen, Versorgungseinrichtungen und Besucherzentrum sollten die Yosemite Falls auf alle Fälle auf dem Programm stehen. Vernal und Nevada Falls im Osten und der Mirror Lake im Nordosten erfordern hingegen mehr Zeit, da sie nur zu Fuß erreichbar sind. Sehenswert im Tal sind außerdem die Bridalveil Falls, von den Indianern »Pohono« (Windgeist) genannt. Der Name rührt daher, dass der Wind tatsächlich das Wasser des nahezu 62 Stockwerke hohen Wasserfalls, der angesichts der mächtigen Berge im Umkreis viel kleiner erscheint, wild in alle Richtungen versprüht. Gegenüber erhebt sich auf der nördlichen Talseite der 1100 Meter hohe El Capitan. Von der Wiese unterhalb des gigantischen Granitfelsens kann man gut die Kletterer in der Wand beobachten. Ein Stück weiter talaufwärts warten die Upper und Lower Falls und als Höhepunkt der Half Dome. Ein Abstecher zum Glacier Point ist sinnvoll, wenn man plant, den Park Richtung Süden zu verlassen. Die Tioga Pass Road nimmt viel Zeit in Anspruch – sie ist zudem nur zwischen Ende Mai und Anfang September schneefrei und passierbar. Wer die Fahrt nach Osten zum Mono Lake fortsetzt, sollte diesen Weg wählen.

PARADIES FÜR NATURFREUNDE

Im Yosemite National Park stehen rund 1350 Kilometer an Rad- und Wanderwegen zur Verfügung, zudem bietet sich Gelegenheit zum Bergsteigen, Klettern, Fischen, zu Bootsfahrten und River Rafting auf dem Merced River. Informationen gibt es im Yosemite Valley Visitor Center sowie im Village Store und in den Yosemite-Hotels (www.yosemiteparktours.com). Viele organisierte Touren starten an der Yosemite Lodge (www.yosemitepark.com), darüber hinaus werden kostenlos Rangertouren und naturkundliche Veranstaltungen und Vorträge, Filme und Kurse angeboten. Als Zentrum für Outdoor-Fans gilt das Curry Village (Teil des Yosemite Village), dort können Fahrräder geliehen, Wanderungen geplant und Climbing-Touren arrangiert werden.

PARKINFORMATIONEN

www.nps.gov/yose, Eintritt: $ 20/Pkw

Karg und lebensfeindlich, heiß und einsam, aber auch faszinierend andersartig präsentiert sich der Death Valley National Park mit seinen endlosen Salzebenen und Sanddünen auf den ersten Blick.

2 Death Valley National Park

Im Tal des Todes

Das Tal des Todes ist durch zahlreiche Western und Science-Fiction-Filme weltberühmt geworden als eine urtümliche und lebensfeindliche Landschaft mit extremen klimatischen Bedingungen. Gerade 100 Kilometer östlich der Sierra Nevada mit ihren schneebedeckten Bergen, malerischen Flusstälern und gigantischen Baumriesen gelegen, bietet das Death Valley ein faszinierendes Kontrastprogramm.

Drei der vier großen nordamerikanischen Wüsten sind im Osten Kaliforniens zu finden. Im Westen begrenzt von den Bergketten der Cascade Range und der Sierra Nevada, reihen sich – übergreifend in die Nachbarstaaten Nevada, Arizona und Mexiko – von Nord nach Süd das Great Basin, die Mojave-Wüste und die Colorado-Wüste, der kalifornische Teil der Sonora-Wüste, aneinander.

Das Death Valley bildet den nördlichen Teil der nach einem Indianerstamm benannten Mojave-Wüste, die sich zwischen Los Angeles und Las Vegas ausbreitet.

Eingerahmt von der Paramint- Bergkette liegen Salzebenen und Dünen in einem von den Shoshone-Indianern nicht ohne Grund *Tomesha* – Feuergrund – genannten Tal. Bei Durchschnittstemperaturen von 50 Grad Celsius im Sommer sowie einer Luftfeuchtigkeit von weniger als sechs Prozent trocknet der Schweiß bereits beim Austreten.

Zunächst gilt es mit zwei Vorurteilen aufzuräumen: Zum einen existiert durchaus Leben in der Wüste, und zum anderen ist Wüste nicht gleich Wüste. Die Mojave-Wüste zum Beispiel erreicht im Westteil als *high desert* (Hochwüste) über 900 Meter Höhe und ist – abgesehen vom Death Valley – feuchter und kühler als etwa die tiefer gelegene Colorado-Wüste (*low desert*) mit ihrem trockenen und heißen Mikroklima. Obwohl weite Teile der Wüstenregionen, die nie in größerem Umfang besiedelt wurden und daher in Staatshand blieben, als militärische Sperrzonen und Testgebiete ausgewiesen sind, stehen viele Abschnitte unter Schutz: Es gibt in Kalifornien elf State Parks, fünf National Wildlife Refuges, eine National Preserve und dazu die beiden Nationalparks Joshua Tree und Death Valley.

Der heißeste Fleck und der tiefste Punkt

Nur die Libysche Wüste ist noch heißer und trockener als das Death Valley. Tageswerte von über 50 Grad Celsius und 30 Grad in der Nacht sind im Som-

Trotz aller Kargheit gibt es Leben in der Wüste. Anfang des 20. Jahrhunderts ließ sich zudem Walter Scott hier sogar ein hochherrschaftliches Schloss (Mitte) errichten, Scotty's Castle; später entstanden hier Resorthotels. Rechte Seite: Devils Golf Course (unten), Borax-Wagen bei Furnace Creek (oben).

mer keine Seltenheit. Die höchste Temperatur wurde im Juli 1913 gemessen: 57 Grad im Schatten; minus 9 Grad waren es dagegen im Januar desselben Jahres! Starke jahreszeitliche Unterschiede sind ein Charakteristikum, extrem geringe Niederschläge von nur etwa 50 Millimetern im Jahr ein weiteres. Zwar kann es gelegentlich zu kräftigen, lokal begrenzten Wolkenbrüchen und Sturzfluten kommen, doch normalerweise regnen sich die meisten Wolken bereits über den umgebenden Gebirgsketten ab.

Badwater, der heißeste Fleck und zugleich der tiefste Punkt der USA, 85,34 Meter unter dem Meeresspiegel, befindet sich mitten im Tal des Todes. Der Nationalpark Death Valley umfasst ein Areal von über 13 000 Quadratkilometern und wird alljährlich von rund 1,2 Millionen Besuchern frequentiert. Im Westen begrenzt die Panamint Range – mit den Cottonwood Mountains, dem gut 2700 Meter hohen Tin Mountain sowie dem Telescope Peak, mit 3370 Metern der höchste Gipfel der Region – das Death Valley. Im Osten ist es die Amargosa Range, die sich aufteilt in die Grapevine Mountains im Norden mit spektakulären Canyons am Westabhang und dem Grapevine Peak mit 2665 Metern. Im Süden rahmen das Tal die Funeral Mountains bei Furnace Creek mit dem Pyramid Peak (2043 m) und die Black Mountains bei Badwater mit dem Funeral Peak (1950 m) ein.

Die geologische Entstehung des Tals des Todes reicht drei Millionen Jahre zurück, als sich Gesteinsschichten zu Bergen anhoben. Und als während der letzten Eiszeit die Gletscher der Sierra Nevada zurückwichen, entstand im Death Valley ein großer Süßwassersee voller Leben. Durch die umgebenden Bergketten und dadurch, dass ausbrechende Vulkane die Panamint Mountains als zusätzliche Sperre hervorbrachten, stand jedoch kein Ablauf zur Verfügung. Im Laufe der Jahrtausende veränderte sich allmählich das Klima: Es wurde heißer, der See begann auszutrocknen. In dieser Phase reicherten Mineralien das Becken an, und es entwickelten sich die heute noch sichtbaren Salzschichten. Das berühmt-berüchtigte Tal des Todes war geboren.

Leben im Tal des Todes

Trotz aller Kargheit und Trockenheit, das Death Valley lebt: 900 verschiedene Pflanzenarten, 350 Vogel-, 51 Säugetier-, 36 Reptilien- und fünf Amphibienarten soll es geben. Dabei sind die Pflanzen entweder besonders gut an die klimatischen Bedingungen angepasst – wenn sie etwa bis zu 30 Meter tief wurzeln, um so das Grundwasser zu erreichen – oder sie gedeihen in höher gelegenen Regionen, wie Wacholder, Pinien oder Kiefern. Im Talgrund sind es vor allem Mesquite-Sträucher, Bartgras und Yucca, die die Landschaft prägen, in feuchteren Arealen auch Tamarisken.

Fällt in einem Jahr reichlich Regen, ist die Farbenpracht blühender Wildblumen, Sukkulenten und Kakteen von Februar bis März oder April grandios.

Was für die Pflanzen gilt, trifft auch auf die Tierwelt zu. Nur wer sich im Laufe der Evolution angepasst hat, überlebt. Die meisten Tiere sind nachtaktiv und kommen mit sehr wenig Wasser, das sie zum Teil mit der Nahrung aufnehmen, aus. Fische sind in den wenigen Tüm-

peln und Creeks rar. Neun verschiedene Pupfish-Arten (Cyprinodon) leben in dem salzhaltigen Wasser, das zweieinhalb Mal so viel Salz enthält wie der Pazifik. Sie vertragen wie der Western Mosquitofish zudem die hohen Wassertemperaturen.
Auch Menschen haben sich im Tal des Todes niedergelassen. Zunächst waren es Indianer, Shoshone und Paiute, ehe sich um die Mitte des 19. Jahrhunderts erstmals Weiße hierher wagten. 1881 entdeckte man Borax, das wegen seiner Bleichkraft als Reinigungsmittel und außerdem in der Glas- und Porzellanherstellung eingesetzt wurde. Da jedoch der Abbau mühsam war, erwies sich diese Industrie als nicht sehr profitabel; deshalb schuf sich die Pacific Coast Borax Company ein zweites Standbein: den Tourismus. Bereits 1927 eröffnete das Furnace Creek Inn, noch ehe 1933 das Death Valley zum National Monument erklärt wurde. Erst 1994 wurde daraus aber ein Nationalpark.
Mitten in dieser unwirtlichen Wüstenlandschaft baute sich Walter Scott für zwei Millionen Dollar Anfang des 20. Jahrhunderts ein komfortables Wüstenschloss, genannt *Scott's Castle*. Nach verschiedenen Jobs hatte der gewiefte Geschäftsmann publik gemacht, im Death Valley eine Goldmine entdeckt zu haben, und damit mehrere Finanziers zu Investitionen in eine nicht existente Ader überredet. Zu ihnen gehörte auch der schwerreiche Albert M. Johnson, der Scotts Hauptsponsor wurde und ihm außer dem Schloss noch andere seiner verrückten Einfälle finanzierte.

FURNACE CREEK INN

Es gibt im Nationalpark verschiedene Hotels und Campingplätze. Am empfehlenswertesten ist das historische **Furnace Creek Inn**. Es stehen 66 Übernachtungsmöglichkeiten vom Doppelzimmer über Cottages bis hin zur Luxussuite zur Verfügung. Im zugehörigen Ranch Resort gibt es außerdem einfachere Motelzimmer. Das Inn bietet Luxus pur inmitten einer traumhaften Wüstenlandschaft. Das Beste ist der riesige warme Mineralquellenpool, an dem sich an kühleren Abenden Badegäste am offenen Kamin wärmen können. An Restaurants stehen neben dem noblen Inn Dining Room das legere Forty-Niner Café, das beliebte Wrangler Steakhouse und der Corkscrew Saloon zur Verfügung.
Furnace Creek Inn & Ranch, Death Valley, www.furnacecreekresort.com

PARKINFORMATIONEN

www.nps.gov/deva, Eintritt: $ 20/Pkw

3 Sequoia & Kings Canyon National Parks

Giganten in der Sierra Nevada

Gerade eben stand einem im Tal des Todes noch der Schweiß auf der Stirn, nun beginnt man knappe drei Fahrstunden weiter westlich zu frösteln: Vor den Augen breitet sich die monumentale, schneebedeckte Bergkette der Sierra Nevada um den Mount Whitney aus. Er ist mit 4421 Metern der höchste Berg der kontinentalen USA und markiert den Sequoia Park, an den sich nördlich der Kings Canyon National Park anschließt.

Die »Twin Parks« in der Sierra Nevada bieten zwar beide Einsamkeit und Ruhe, sind jedoch trotz ihrer Nachbarschaft sehr unterschiedlich, was Vegetation, Klima und Naturerlebnis angeht. Rechte Seite unten: Mount Whitney.

Die Sierra Nevada erstreckt sich über 640 Kilometer im Osten Kaliforniens, ist zwischen 60 und 130 Kilometer breit und bis zu 4400 Meter hoch. Eine Reise vom Fuß hinauf zu den schneebedeckten Gipfeln käme einer Durchquerung mehrerer Klimazonen, von der Wüste bis hin zur arktischen Tundra, gleich. 350 Höhenmeter entsprächen dabei etwa 480 Wegkilometern von Kalifornien aus in Richtung Norden.

Fast 80 Prozent der Sierra Nevada sind bewaldet, überwiegend handelt es sich um Nadelwälder mit Tannen und Kiefern sowie den eindrucksvollen Mammutbäumen (Sequoias). Speziell im südlichen Bereich der Sierra Nevada erstrecken sich in den sogenannten Twin-Parks Kings Canyon und Sequoia National Park ausgedehnte Sequoiagigantea-Wälder. Stundenlang führt die Fahrt durch eine Waldlandschaft, wie man sie eher in Kanada als im Sonnenstaat Kalifornien erwarten würde.

Wenig überlaufene Twin Parks

Wer im Yosemite National Park bei aller Naturschönheit die Ruhe vermisst hat, braucht nur wenige Autostunden südlich die von der kalifornischen Stadt Fresno aus erreichbaren aneinandergrenzenden Twin Parks zu besuchen, Kings Canyon im Norden und Sequoia im Süden. Da beide nur wenig erschlossen sind, präsentiert sich hier die Sierra Nevada noch weitgehend im Urzustand. Der Sequoia National Park wurde wie der Yosemite auf Initiative von John Muir 1890 ins Leben gerufen. Im Laufe der Zeit wurde das Areal ausgeweitet und 1940 zusätzlich das Gelände nördlich als Kings Canyon National Park unter Schutz gestellt.

Endlose Wälder und weite Täler, vor allem aber die riesigen *Sequoias giganteas* bleiben im Gedächtnis haften. Der Generals Highway schlängelt sich durch die Bergwelt beider Parks, erreicht häufig über 2000 Meter und bietet grandiose Ausblicke von zahlreichen Aussichtspunkten. Die Straße verbindet die beiden Parks in Nord-Süd-Richtung, allerdings gibt es keine durchgehende Ost-West-Verbindung.

In den Sequoia Park führt der Highway 198 von Visalia kommend (Ash Mountain Entrance), der dann als Generals Highway eine Schleife durch die Parks beschreibt. Er endet am Highway 180 im Norden, der Stichstraße, die von der Ostgrenze (Fresno) gut 70 Kilometer weit in den Kings Canyon Park hineinführt (Big Stump Entrance). Große Teile des Parks sind nur zu Fuß oder zu Pferde erreichbar – von unschätzbarem Vorteil für die über 1200 verschiedenen Pflanzenarten und Tiere wie Schwarzbären, Füchse, Luchse oder Berglöwen sowie über 150 Vogelarten.

Im Wald der Giganten

Nahe dem Big Stump Entrance zum Kings Canyon am Highway 180 befindet sich die Grant Grove Area mit dem General Grant Tree. Er ist 82 Meter hoch, misst 33 Meter an Umfang und soll rund 2500 Jahre alt sein. Der Highway endet in Cedar Grove, wo sich das spektakuläre Tal des South Fork Kings River über 45 Kilometer durch einen Wald mit Zedern, Kiefern, Färbereichen und Tannen zieht.

Folgt man dem Generals Highway rund 30 Kilometer in den Sequoia National Park hinein, erreicht man einen weiteren Höhepunkt: den Giant Forest, den Wald der Giganten. Dort stehen einige der ältesten und größten Bäume der Welt, etwa der General Sherman Tree, 2300 bis 2700 Jahre alt, 85 Meter hoch und 31 Meter im Durchmesser. Eine Stichstraße führt danach südwärts zum Moro Rock (1200 m). Der Ausblick von dort entschädigt – vor allem bei Sonnenuntergang – für die Mühe des Aufstiegs über eine steile Steintreppe.

DAS BESONDERE WANDERERLEBNIS

Das Bearpaw High Sierra Camp im Sequoia National Park liegt fast 2400 Meter hoch und ist von Crescent Meadow aus nur zu Fuß erreichbar. Für die insgesamt 18 Kilometer lange Strecke auf dem High Sierra Trail sind bei 430 Metern Höhenunterschied im Schnitt acht Stunden zu veranschlagen. Man übernachtet in Tent Cabins mit zwei Einzelbetten, es gibt Gemeinschaftsduschen und -toiletten. Das Camp ist ein guter Ausgangspunkt für mehrstündige bis ganztägige Wanderungen. Es ist ratsam, mindestens zwei Tage dort einzuplanen.

Infos und Reservierung:
www.visitsequoia.com/bearpaw.aspx

PARKINFORMATIONEN

www.nps.gov/seki, Eintritt: $ 20/Pkw (für beide Parks)

4 Joshua Tree National Park

»Stille Beter« in der Wüste

Symbolisieren in Arizona die Saguaros, die Säulenkakteen, die Wüste, sind es im Osten Kaliforniens die Joshua Trees. Der Name dieser Pflanze und damit auch des Nationalparks geht auf die Mormonen zurück: Beim Anblick fühlten sich die ersten Siedler an den Gebetsgestus eines stillen Gottesverehrers in der Wüste erinnert und nannten die prägnante Pflanze daher nach der biblischen Figur Jahwe *Joshua Tree*.

Wüstenlandschaft im Pinto-Becken mit Kakteen. Vorherrschend sind die Joshua Trees, deren Wuchsform an einen Gebetsgestus erinnert. Sie bilden ganze Wälder aus.

Einen Steinwurf entfernt von der Oase Palm Springs, einem beliebten Erholungsort östlich der Metropole Los Angeles, hat die Wüste die Oberhand gewonnen: Hier liegt im Übergangsbereich zwischen Mojave- und Colorado-Wüste der Joshua Tree National Park, der nach dem Death Valley wohl interessanteste Teil der kalifornischen Wüsten, allein schon deshalb, weil hier zwei Wüstentypen und Ökosysteme aufeinandertreffen. Schließlich ist Wüste nicht gleich Wüste, und im amerikanischen Südwesten gibt es gleich vier davon: Chihuahua, Sonora, Mojave und Great-Basin. Während im Südosten Kaliforniens nur Mojave- und Sonora-Wüste zu finden sind, verschmelzen im benachbarten Arizona alle vier miteinander.
So gehört die Westhälfte des Parks mit dem Joshua Tree als Leitpflanze zu der höher gelegenen, feuchteren und kühleren Mojave-Wüste, während die Colorado-Wüste – Teil der weit nach Mexiko hineinreichenden Sonora-Wüste – mit den dort typischen Kreosotbüschen den Ostteil des Parks mit Höhenlagen von meist unter 600 Metern einnimmt und als »low desert« gilt. Der Joshua Tree National Park liegt am Ostrand der Transverse Range, und der berühmt-berüchtigte San-Andreas-Graben, jene Erdbebenfalte, an der die nordamerikanische und pazifische Erdplatte aufeinanderstoßen, verläuft entlang der südwestlichen Parkgrenze.

Geschütztes Land der Pinto-Indianer

Das sogenannte Pinto Basin, in dem der Nationalpark liegt, erhielt seinen Namen von den Ureinwohnern, den Pinto-Indianern. Sie lebten im Tal und ernährten sich von Pinienkernen, Kakteenfrüchten und Mesquite-Bohnen. Wo heute das Oasis Visitor Center steht, waren zudem Serrano- und Chemehuevi-Indianer zu Hause. Ende des 19. Jahrhunderts kamen dann Abenteurer und Goldsucher, Viehzüchter und Forscher in die Region, stellten Wassertanks auf und begannen, auf der Suche nach Gold, die

Einzigartige Wüstenlandschaft, die weit mehr zu bieten hat als nur Sand und Kakteen. Üppig-grüne Oasen und Felsformationen gehören ebenfalls zum Yoshua Tree National Park. Rechte Seite: Die White Tanks.

Wüste zu untertunneln. Nach Ende des Bergbaus blieben viele Arbeiter zurück und bauten sich Ranches im Umkreis. 1936 hatte Präsident Franklin D. Roosevelt ein Gesetz unterzeichnet, das diese einzigartige Wüstenlandschaft zum National Monument erklärte. Nur so konnte die komplexe, aber ungeheuer fragile Wüstenlandschaft vor der Bedrohung durch Bergbau, Viehzucht und Zersiedlung geschützt werden. Vor allem nachdem Hollywood die reine Luft, das ideale Klima und die unberührte Natur schätzen gelernt hatte und Feriensiedlungen größeren Umfangs zu entstehen drohten, war Minerva Hamilton Hoyt, eine Dame der High Society, beim Präsidenten vorstellig geworden und hatte ihn zu einer Entscheidung bewegt. 1984 folgte die Erklärung zum Biosphärenreservat, 1994 zum Nationalpark. Seither konnte das Areal auf gut 386 000 Hektar Staatsland ausgeweitet werden.

Ein *Tree*, der kein Baum ist

Nicht nur im Nationalpark, sondern in der gesamten Mojave-Wüste ist der Joshua Tree überall präsent. Dabei handelt es sich um keinen Baum, wie der Name glauben lässt, sondern um einen Vertreter der Familie der Agavengewächse (lat. *Yucca brevifolia*). Die immergrüne Pflanze ist mit messerscharfen Blättern an weit ausgreifenden Zweigen ausgestattet, wobei der Stamm – wie bei einem Kaktus – aus einem Faserskelett besteht. Dieses Fasermaterial, das nach dem Absterben zutage tritt, wurde von den Indianern für Körbe, Sandalen oder Bedachungen genutzt, die Blüten und Samen wurden gegessen oder für Arzneien verwendet. Die ab dem späten 19. Jahrhundert herbeiströmenden Siedler nutzten Stämme und Äste auch für Zäune und Einfassungen, in den Minen dienten sie zum Heizen der Dampfmaschinen.

Perfekt an Hitze und Kälte angepasst, gedeihen die Pflanzen bevorzugt in Höhen von über 1000 Metern und sind weitgehend frostunempfindlich. Sie wachsen nur wenige Zentimeter im Jahr, können aber aufgrund ihrer langen Lebensdauer bis zu neun Meter hoch werden. Die höchsten Exemplare sollen gar zwölf Meter erreichen und die ältesten über 900 Jahre alt sein. Die Pflanze blüht – unter günstigen Bedingungen – zwischen Februar und April cremeweiß. Weitere auffällige Pflanzen im Nationalpark sind die Mojave-Yucca (*Yucca schidigera*), eine enge Verwandte des Joshua Trees, lediglich dichter mit längeren und breiteren Blättern besetzt. Höhere Lagen und die geringfügig höhere Feuchtigkeit der Mojave- gegenüber der Sonora-Wüste schätzt die Tamariske (*Tamarix chinensis*). Creosot (*Larrea tridentata*) ist die am weitesten verbreitete Wüstenpflanze, ein um die 1,50 Meter niedriger Busch, der eher unscheinbar wirkt und sehr anspruchslos und robust ist.

Die Wüste lebt

Im Nationalpark angelegte Rundwege, die von der Durchgangsstraße abzweigen, laden zu unterschiedlich langen Spaziergängen bzw. Wanderungen ein, um die ungewöhnliche Vegetation mit Joshua Trees, Yuccas, Ocotillos und anderen Kakteenarten vor der Kulisse bizarrer Lavasteingebilde und von Wind, Sand und Sonne geglätteter Granitfelsen kennen zu lernen. Dass »die Wüste

lebt«, wird in dieser Übergangszone zwischen zwei Wüstensystemen klar. Es sind wahre Überlebenskünstler, die bevorzugt in der kühleren Nacht unterwegs sind: Fledermäuse, Kaninchen, Ratten und Hörnchen, auch Klapperschlangen, Taranteln, Echsen und die Desert Tortoise, eine etwa 50 Zentimeter lange Schildkröte, sowie in höheren Lagen Wüstendickhornschafe, Maultierhirsche und sogar Pumas, Rotluchse und Kojoten fühlen sich hier wohl. Zudem soll es über 250 Vogelarten geben. Der verbreitete Roadrunner (Rennkuckuck) ist aus Comics bekannt, aber auch Wachteln, Buschhäher, Kolkraben, Zaunkönige und die Kanincheneulen sind häufig zu beobachten, ebenso sieht man Steinadler und Wanderfalken am Himmel kreisen.

Eine Besonderheit der Wüste und zugleich ein eigenes Ökosystem stellen die Fächerpalmen-Oasen dar, von denen es in ganz Nordamerika 158, allein im Joshua Tree National Park fünf gibt. Diese Fächerpalmen (*Washingtonia filifera*) werden 80 oder 90 Jahre alt und sind mit über 20 Metern die höchsten ihrer Art. Die Ureinwohner aßen die Palmfrüchte und bauten aus den Blättern ihre Hütten. Feuer kann den Bäumen kaum etwas anhaben, im Gegenteil, es schafft Luft und fördert das Wachstum und die Samenproduktion. Die Indianer legten sogar regelmäßig Feuer, um mehr Samen als Nahrung zu bekommen, und säten diese wiederum geschickt an Stellen, wo das Grundwasser gut erreichbar war.

EINE PARADIESISCHE OASE

Breitet sich da am hitzeflirrenden Horizont nicht ein üppig-grünes Tal aus? In der Tat, Palm Springs und die Nachbargemeinden Palm Desert, Indian Wells – das Tennismekka – und Indio, im Coachella-Tal gelegen, sind keine Sinnestäuschung, sondern Realität. Dass ausgerechnet hier eine solche paradiesische Oase entstehen konnte, geht auf Mineralquellen zurück, die von den Ureinwohnern seit Jahrhunderten zu Heilzwecken genutzt wurden, und die ab dem Jahr 1853 auch weiße Siedler schätzen lernten. Mit der Blüte der Filmindustrie in Hollywood entdeckten ab den späten 1930er-Jahren auch Filmstars den Ort als perfektes Rückzugsidyll. So entstand ein Erholungsrefugium und schließlich ein Touristenzentrum am Rand des Joshua Tree National Park.

Infos: www.visitpalmsprings.com

PARKINFORMATIONEN

www.nps.gov/jotr, Eintritt: $ 15/Pkw

Eine bizarre Vulkan-, Gebirgs- und Waldlandschaft, in der es brodelt und dampft, befindet sich im Nordosten Kaliforniens. Der Lassen Volcanic National Park ist bislang noch ein wenig entdecktes Juwel. Rechte Seite: Bumpass Hell.

5 Lassen Volcanic National Park

Am Ring of Fire

Im Nordosten präsentiert sich Kalifornien völlig anders als im Süden, nämlich als eine bizarre Vulkanlandschaft mit geothermischen Seen und Quellen, Schlammlöchern und Fumarolen. In der als Shasta Cascade bekannten Region wird man in die Frühzeit der Erdgeschichte zurückversetzt. Hier dominiert der 3187 Meter hohe Lassen Peak, einer der immer noch aktiven Vulkane der Cascade Range.

Der Landstrich zwischen den Küstenbergen und der Cascade Range, einer Bergkette, die sich in Nord-Süd-Richtung vom Nordwesten der USA bis zur Sierra Nevada erstreckt, ist selbst für die meisten Kalifornier ein Buch mit sieben Siegeln. Dabei ist dieses »andere« Kalifornien ungeheuer vielseitig und bietet Hochgebirgskulisse, bizarre Vulkanlandschaften – wie um den Lassen Peak –, warme Quellen, gigantische Wasserfälle, Seenlandschaften und karge Wüstenregionen.
Shasta Cascade umfasst fast 78 000 Quadratkilometer, mehr als ein Fünftel der Gesamtfläche Kaliforniens, und dennoch hält sich der Andrang bis dato in Grenzen. Selbst der Lassen Peak und der sich ringsum ausdehnende Lassen Volcanic National Park sind mit kaum 400 000 Besuchern jährlich ein wenig bekanntes Juwel. Besonders die Region um das städtische Zentrum Redding wird unter Outdoor-Fans, Wanderern, Bikern, Reitern und Kletterern als ein heißer Tipp gehandelt.

Der *Ring of Fire*

Die Vulkane der Cascade Range sind parallel zur Küstenlinie angeordnet und bilden einen Teil des sich um den Pazifik ziehenden Vulkangürtels, des *Ring of Fire*. Sie entstanden dort, wo die Juan-de-Fuca-Platte, eine Teilscholle der Pazifischen Platte, auf die westwärts driftende Nordamerikanische Platte trifft und sich reibt. Die Juan-de-Fuca-Platte erstreckt sich von Vancouver Island bis etwa 200 Kilometer nördlich von San Francisco.
Der letzte große Ausbruch ereignete sich 1980 am Mount St. Helens im US-Bundesstaat Washington. Aber auch der Lassen Peak ist immer noch aktiv. Der letzte größere Ausbruch des oft fälschlich als Mount Lassen bezeichneten Vulkans liegt zwar mehrere Jahrzehnte zurück, doch gelegentlich aufsteigender Rauch deutet an, dass es unterhalb der Oberfläche weiterhin brodelt. Vor allem zwischen 1914 und 1921 sorgte der Lassen Peak für Aufsehen, als er 300 Mal spuckte und sich 1915 ein Aschepilz von

Der Lassen Volcanic National Park gehört zur Cascade Range und ist Teil eines Vulkangürtels, der »Ring of Fire« genannt wird. Viele der zugehörigen Vulkane sind noch aktiv, so auch der Lassen Peak (oben und rechts), zuletzt zwischen 1914 und 1921. Unten: Die Rotrücken-Zimtelfe, eine Kolibriart, findet in der Vulkanlandschaft Nahrung.

elf Kilometern Höhe bildete. Asche und Bimsstein ergossen sich damals über das gesamte Umland – ein Szenario, das von dem Fotografen Benjamin F. Loomis festgehalten wurde. Ihm zu Ehren entstand ein Museum am Nordausgang des Nationalparks.

Landschaft von seltsamem Reiz

Noch während dieser aktiven Phase, nämlich im Jahr 1916, wurde das Vulkangebiet mit 446 Quadratkilometern als National Park ausgewiesen, und heute beschäftigen sich dort ganze Scharen von Wissenschaftlern mit der Erforschung des Vulkanismus. In den Verwerfungszonen brodelt es noch immer, allerdings handelt es sich »nur« um Wasserdampf: Grundwasser kommt mit heißem Tiefengestein in Berührung und steigt auf. Das Ergebnis sind heiße Quellen und blubbernde Schlammlöcher, besonders gut erkennbar entlang der Lassen Peak Road, an Sulphur Works und Bumpass Hell.

Die seit Jahrhunderten aktiven Vulkane haben eine Landschaft von ganz eigenem Reiz hervorgebracht, die speziell im Westen, abgesehen vom Lassen Peak, von weiteren Gipfeln – ehemaligen Vulkankegeln –, Lavamulden, Fumarolen, heißen Quellen, Wildseen und einer vielfältigen Tier- und Pflanzenwelt geprägt ist. Den schlechter erschlossenen Ostteil charakterisiert hingegen eine an die Mondoberfläche erinnernde Lavalandschaft.

Einst wurden die warmen Quellen, die Seen und Wälder von den im Umkreis des Vulkans lebenden Indianern als Sommerfrische geschätzt, doch die paradiesischen Zeiten waren mit dem Auftauchen der ersten Weißen vorbei. Peter S. Ogden und Jedediah Smith erkundeten die Gegend in den 1830er-Jahren, und um 1840 tauchte der Lassen Peak als Mount Saint Joseph erstmals auf einer Karte auf. Es waren Pioniere wie John Bidwell und Peter Lassen – nach Letzterem wurde der Berg Mitte des 19. Jahrhunderts benannt –, die länger blieben. Lassen erwarb 1844 Grund und baute eine Ranch. Um Siedler, die auf dem Oregon Trail nach Westen zogen, zum Bleiben zu überreden, verteilte er ab 1846 Landrechte und führte1848 selbst einen Siedlertreck auf dem Lassen Trail in die Gegend. Die Goldfunde in Kalifornien lösten dann einen Ansturm auf die Region aus – man hatte Gerüchte gehört, es gebe dort einen »Gold Lake«.

Ishi, der »letzte Wilde«

Wie überall in Kalifornien waren beim Ansturm der Siedler und Goldsucher die Indianer die Leidtragenden. Zwischen 1859 und 1868 wurden sie der Round Valley Indian Reservation zugewiesen. Viele überlebten jedoch nicht. So soll 1871 der letzte Yahi-Indianer ermordet worden sein, und 1900 starb mit Chief Shavehead der letzte Häuptling der Hat Creek Indians.

Dann jedoch machten im August 1911 Arbeiter in der Ortschaft Oroville eine eigenartige Entdeckung: Sie fanden einen zerlumpten Indianer hinter einer Lagerhalle, einen total verängstigten Wilden, der weder Englisch noch Spanisch verstand. Zwei Anthropologen der University of California – Alfred L. Kroeber und Thomas T. Waterman – vermuteten, mit »Ishi«, wie Kroeber den India-

ner nannte, den letzten Überlebenden eines als ausgestorben geltenden Stammes vor sich zu haben. Waterman gelang es, sich mit Ishi zu verständigen, und setzte sich dafür ein, dass er der Obhut des Anthropologischen Museums der University of California unterstellt wurde und als Museumshilfspförtner dort arbeiten durfte. Sinnvoll erscheinende moderne Erfindungen wie Kleidung oder bestimmte Werkzeuge übernahm Ishi schnell, andere Errungenschaften wie Autos interessierten ihn hingegen nicht. Er lernte ständig dazu und lehrte zugleich seine Freunde bei Ausflügen in seine alte Heimat die Lebensweise, Vorstellungen und Mythen seines Volkes. Ishi starb 1916 in seiner kleinen Wohnung im Museum.

Auf dem Lassen Scenic Byway

Der Lassen Scenic Byway (Highway 89) schlägt einen großen Bogen von etwa 50 Kilometern durch den Park, von Nordwesten nach Süden, und gibt einen guten Einblick in die grandiose Vulkanlandschaft. Von der Straße aus erreicht man die meisten Aussichtspunkte und sollte kurze und auch längere Wanderungen einplanen. Insgesamt stehen rund 240 Kilometer an Wanderwegen zur Verfügung. Etwa im Zentrum des Parks passiert man nach der Devastated Area, kahl und ohne Vegetation seit dem Lassen-Peak-Ausbruch 1915, den Summit Lake, 2066 Meter hoch gelegen. Weiter führt die Straße um den Lassen Peak – ein Weg, den man auch zu Fuß bewältigen kann – und trifft im Süden auf Kings Creek und die Kings Creek Meadows. Selbst wer wenig Zeit hat, sollte unbedingt den Bumpass Hell Trail – rund fünf Kilometer durch ein Areal mit heißen Quellen, Schlammlöchern, Pools und anderen Vulkanaktivitäten – ablaufen.

DRAKESBAD GUEST RANCH

Im kaum erschlossenen Ostteil des Lassen Volcanic National Park, einem kargen Lavaplateau von etwa 1600 Metern Höhe mit drei kleineren Vulkanen, Pinien- und Fichtenwäldern und vielen kleinen Seen und Flüssen, liegt die Drakesbad Guest Ranch, ein Naturidyll fernab der Zivilisation. Die Ranch hat bereits über 100 Jahre auf dem Buckel und erhielt den Namen von ihrem ersten Besitzer E. R. Drake und von der auf dem Grundstück befindlichen heißen Quelle, die bereits die Indianer schätzten. Die jetzigen Betreiber Ed und Billie Fiebiger bieten Gästen organisierte Ausritte und Wanderungen in die Vulkanlandschaft sowie Bäder im warmen Quellwasser an.

Drakesbad Guest Ranch, www.drakesbad.com, Tel. 001-866-999-0914 (gratis in USA) bzw. 001-530-529-1512.

PARKINFORMATIONEN

www.nps.gov/lavo, Eintritt: $ 10/Pkw

Dieser Park wurde nach einem Baum, dem Redwood Tree, benannt, der zu den größten der Welt gehört und im milden und feuchten Klima der Coast Range am besten gedeiht.

6 Redwood National Park

Heimat der »Stillen Riesen«

Nördlich von San Francisco, jenseits der legendären Golden Gate Bridge, aber auch jenseits der Weingärten, der Obstbaumhaine und der beschaulichen Agrarlandschaft, erstreckt sich bis hinauf zum Nachbarstaat Oregon ein Naturparadies von herber Schönheit, mit Steilküsten, einsamen Stränden und dichten Redwood-Wäldern. Dort wachsen in dichtem Unterholz gigantische Baumriesen und die Stimmung ist fast mystisch.

In grauer Frühzeit galt der Redwood noch als Hauptbaum der nördlichen Hemisphäre. Klimaveränderungen hatten dann einen allmählichen Rückgang des Bestandes zur Folge, sodass sich die Bäume heute nur noch auf den Küstenbereich am Pazifik und einige Bergregionen konzentrieren. Als 1769 Pater Juan Crespi einen ersten Vorstoß in den unbekannten Norden Kaliforniens unternahm, staunte er über die so zahlreichen riesigen Nadelbäume, die er *palo colorado* – roter Baum – nannte, woraus später *Redwood* wurde. Auch der Forscher Jedediah Smith blickte 1828 auf der Suche nach Handelswegen zwischen Rockies und Pazifik noch auf endlose Redwood-Wälder. Erst als sich dann um die Jahrhundertmitte Siedler niederließen, war der Niedergang der Bestände besiegelt.

1847 erhielten die Redwoods ihren wissenschaftlichen Namen: *Sequoia*, nach dem berühmten Cherokee-Häuptling, und *sempervirens* wegen ihrer immergrünen Nadeln. Der höchste bekannte Baum steht im Redwood Creek und misst 112 Meter, der Schnitt liegt bei 100 Metern. Die zur Familie der Zypressen gehörenden Bäume sind recht schlank – der mittlere Durchmesser liegt bei vier Metern – und können ein Alter von 2000 Jahren erreichen, durchschnittlich werden sie 500 bis 700 Jahre. Die hohen Küsten-Redwoods wachsen heute nur noch in wenigen eng begrenzten Regionen, so etwa entlang einem nur rund zwei bis 15 Kilometer schmalen nebeligen Küstenstreifen in Nordkalifornien und Südoregon.

Das milde und feuchte Klima der Coast Range, der Küstenberge, und die unterschiedlich hoch gelegenen geografischen Zonen – vom Meeresspiegel bis in knapp 1000 Meter Höhe – ließ verschiedene Mikroklimate entstehen, die optimale Bedingungen für eine vielfältige Flora und Fauna bieten.

Redwoods, wahre Überlebenskünstler

Wer den Yosemite National Park besucht hat, kann vergleichen: Bäume der Art *Sequoia sempervirens* erscheinen schlanker und höher als ihre Verwandten am Westhang der Sierra Nevada, die Giant Sequoias, auf Lateinisch *Sequoiadendron giganteum*. Diese werden »nur« rund 70 Meter hoch, bringen es dafür aber leicht auf einen Durchmesser von sechs Metern. Sequoias sind wahre Überlebenskünstler: Dank ihrer dicken Rinde werden sie durch Feuer und Insekten nur selten ernsthaft geschädigt. Und falls doch, dann wachsen einfach um den Stamm kreisförmig neue Ableger, die das Wurzelsystem des alten Baums mit benutzen.

Da Redwoods Flachwurzler sind und keine Stabwurzeln ausbilden, können vor allem Trockenheit, Erosion und Winde dem Baum gefährlich werden. Die größte Gefahr stellt jedoch der Mensch dar. Bereits in den 1870er-Jahren hatten sich die Eisenbahnbauer des Holzes bedient, und nach dem Erdbeben von 1906 in San Francisco wurden die Wälder wegen des benötigten Baumaterials rigoros abgeholzt. Erst in den 1960ern regte sich Widerstand: Die von Naturschützern ins Leben gerufene Save the Redwoods-Liga organisierte Proteste und diese bewirkten 1968, dass die Regierung die geringen Restbestände unter Schutz stellte. Aufforstungsmaßnahmen haben mittlerweile dafür gesorgt, dass beispielsweise im Humboldt County wieder 90 Prozent der Fläche von Wald bedeckt sind.

Bei der Reise durch die Redwood-Wälder warten einige Kuriosa: So kann man bei der Ortschaft Leggett mit dem Auto durch den Stamm des 96 Meter hohen Chandelier Tree fahren. Nördlich von Garberville ragt in der Avenue of the Giants der Giant Tree mit gut 110 Metern Höhe und 16 Metern Durchmesser empor. Im Tall Trees Grove am Redwood Creek südlich der Ortschaft Orick steht der größte bekannte Redwood Tree mit rund 112 Metern Höhe, 13,5 Metern Umfang und einem Alter von angeblich 600 Jahren.

UNTERWEGS IM WALD DER GIGANTEN

Idealer Ausgangspunkt für Wanderungen im Wald der Giganten ist die Ortschaft Orick, die vom Redwood National Park umgeben ist. Wenige Kilometer nördlich von Orick beginnt der Newton B. Drury Scenice Byway, eine beliebte Route mitten durch den Park. Sie führt am Prairie Creek Visitor Center, einem der Besucherzentren, und einigen der Baumgiganten vorbei. Zudem zweigen immer wieder Wanderwege ab, die tiefer in den Wald hinein und sogar bis zum Pazifik führen.

Insgesamt gibt es fünf Besucherzentren; das Kuchel Visitor Center am Highway 101 südlich von Orick sollte als größtes und wichtigstes der erste Anlaufpunkt sein. Neben Karten werden Infos, Vorträge und andere Veranstaltungen von den Parkrangern angeboten.

PARKINFORMATIONEN

www.nps.gov/redw, freier Eintritt

Ein mystischer und für die Indianer heiliger See, der eigentlich einem Vulkanausbruch zu verdanken ist: der Crater Lake. Er hat durchaus auch im Winter (oben) seinen Reiz. Unten: Ein Grauhäher

7 Crater Lake National Park

Zwischen Himmel und Hölle

Schon die Indianer, die einst um den Crater Lake lebten, sahen in dem intensiv-blauen Vulkansee etwas Mystisches, eine Schöpfung überirdischer Wesen. Ihrer Überlieferung nach war es Skell, der Geist des Himmels, der einst den Berg Mazama, Heimat seines Konkurrenten Llao, des Häuptlings der Unterwelt, zerstörte. Mit Getöse soll der Feuer speiende Berg in sich zusammengestürzt sein und ein riesiges Loch hinterlassen haben: den Crater Lake.

Wie der Lassen Peak gehört auch der Crater Lake im Süden des US-Bundesstaats Oregon zur Vulkankette der Cascade Range. Sie verläuft parallel zur Küstenlinie und ist Teil des Ring of Fire. Erst sanft, dann immer steiler steigt der Highway 62 zum Crater Lake National Park an, bis er am Rim Village auf rund 2000 Metern Höhe den Rand der im Durchmesser neun Kilometer großen Caldera erreicht, eines abflusslosen Beckens, das sich mit Wasser füllte und den See bildet. Von hier aus öffnet sich ein spektakulärer Ausblick auf den 752 Quadratkilometer großen und seit 1902 unter Schutz stehenden fast kreisrunden, tiefblauen Kratersee.

Für die Indianer handelte es sich um einen heiligen Ort, und sie lebten in ständiger Furcht, dass Fremde einmal die Ruhe stören könnten. Was dann auch Mitte des 19. Jahrhunderts eintrat, als Goldgräber in die Region eindrangen und Siedler ihnen folgten. Damals, genauer 1869, tauchte erstmals der Name »Crater Lake« auf; er stammte aus der Feder von James Sutton, des Herausgebers der Tageszeitung *Oregon Sentinel* in Jacksonville, einem kleinen Nest südwestlich des Vulkans.

Eine gigantische Explosion

Die Indianer erklärten sich die Entstehung des Crater Lake mit einem Kampf der Götter, der mächtig Staub aufwirbelte. Wissenschaftler bestätigen, dass die Eruption eines Vulkans vor etwa 7000 bis 8000 Jahren eine derartige Wucht gehabt haben muss, dass der Ausbruch des Mount St. Helens, den 1980 die ganze Welt vor dem Fernseher live miterleben konnte, im Vergleich dazu ein kleines Strohfeuer war: 45 Mal stärker soll die Explosion hier gewesen sein, und eine mindestens 15 Zentimeter dicke Ascheschicht verteilte sich über eine Fläche von 13 000 Quadratkilometern. Selbst in drei kanadischen Provin-

Immer wieder spektakuläre Ausblicke auf den Crater Lake bieten sich vom Rim Drive auf etwa 2000 m Höhe. Die eigenwillige Schönheit der von Stürmen bizarr geformten Bäume ist ebenso ungewöhnlich wie das tiefblaue Wasser des Sees.

zen konnten noch Aschespuren nachgewiesen werden.

Vor der Eruption erhob sich anstelle des Crater Lake der 3600 Meter hohe Vulkanberg Mount Mazama, vom Format her vergleichbar mit dem noch existierenden Mount Rainier südlich von Seattle. Erst kündigte sich die Katastrophe mit kleineren Ausbrüchen und Erdbeben an, dann zerbarst der gesamte Berg in einer gewaltigen Explosion und sackte um mehr als 1500 Meter in sich zusammen und hinterließ die riesige Caldera. Heute liegt deren Wassertiefe bei bis zu 590 Metern, was sie zum tiefsten See Amerikas macht. Die beiden kleinen Vulkankegel im See – Wizard Island ragt 241 Meter aus dem Wasser heraus, und der Merriman-Vulkan liegt unter der Oberfläche – sind Folgen späterer Ausbrüche.

Entlang dem Kraterrand verläuft der sogenannte Rim Drive auf etwa 2000 Metern Höhe mit über 50 sehr kurvenreichen Kilometern. Eine komplette Umrundung dauert gut eine Stunde; inklusive Stopps an Aussichtspunkten und einer kurzen Wanderung ins Umland sind mindestens drei Stunden einzuplanen. Im Westen erreicht man den Ausgangspunkt für die relativ leicht zu bewältigende Besteigung des 2440 Meter hohen Watchman, von dessen Gipfel sich ein grandioser Rundblick auf die Vulkan- und Waldlandschaft bietet. Im Norden des Sees kann man vom Rim Drive aus den kurzen Cleetwood Trail zum See hinunterlaufen. Im Sommer setzen am Ende dieses 3,5 Kilometer langen Pfades von Cleetwood Cove Boote zur mitten im See gelegenen Wizard Island über.

Lavagestein und dichte Wälder

In den unteren Lagen der Vulkanlandschaft breitet sich dichter Wald aus Fichten, Douglasien und Zedern aus. An der niederschlagsreicheren Westseite des einstigen Mount Mazama wachsen sogar Eichen, während die Ostseite weit trockener ist. Am Kraterrand kann man die eigenwillige Schönheit der von Stürmen fantastisch geformten und verkrüppelten Kiefern bewundern, in den Tälern hingegen, teils auch am Krater, blühen im Frühjahr und Sommer unzählige Wildblumen und sind Wildkräuter zu finden. Im Hinterland leben Wapiti- und Maultierhirsche, Kojoten, Füchse und Marder, Murmeltiere und Stachelschweine, doch am interessantesten ist die Vogelwelt: Es soll nahezu 200 Arten geben, und besonders die Vielfalt und Menge an Raubvögeln – Adler, Habichte und Falken – beeindruckt. Wasservögel sind hingegen selten, da die steilwandigen Ufer des Sees weder Nahrung noch Brutplätze bieten.

Östlich des Crater Lake National Park erstreckt sich am Übergang zwischen Kaskadengebirge und wüstenartigem Columbia Plateau eine ausgedehnte Wald- und Vulkanlandschaft. Dazu gehört mit dem nördlich gelegenen Newberry National Volcanic Monument ein weiteres Vulkangebiet. Der ehemalige Mount Newberry wurde wie der Mazama durch Eruptionen »abgetragen«. In seiner Caldera haben sich jedoch gleich zwei Seen gebildet: Paulina und East Lake. Augenfällig sind hier vor allem die schwarzen Lavamassen. Sie entstanden, als die äußere heiße Lava erstarrte, während die innere weiter abfließen konnte.

Bend, das Tor zur Vulkanlandschaft

Bereits an der Ostseite der Cascade Range, am nordöstlichen Rand des Nationalparks gelegen, fungiert Bend sowohl als Tor in die Vulkan- und Schneewelt der Vulkanberge als auch in die endlose Weite der Hochwüste des Columbia Plateaus im Osten. Eine Menge Tourveranstalter und Sportausrüster, Einkaufszentren wie die renovierte Old-Mill, Holzfabriken und Industrie prägen den ersten Eindruck von der Stadt. Dabei wirkt ihr Zentrum mit seinen Boutiquen, kleinen Geschäften, Cafés und Kneipen alles andere als verschlafen. Der Pub der lokalen Deschutes Brewery ist abends ebenso gut besucht wie die Bendistillery, wo es Gin und Wodka aus eigener Produktion gibt. Im Zentrum der Stadt liegt malerisch der Riverside Park an einer Biegung des Deschutes River und von ihm leitet sich der Ortsname ab: »Farewell Bend«, »Auf Wiedersehen, Flusskurve«, soll ein abreisender Siedler gerufen und ein Postbote den Namen später zu Bend verkürzt haben.

Am südlichen Stadtrand von Bend befindet sich das High Desert Museum. Hier erfährt man alles über Flora und Fauna, Geografie und Geologie der Halbwüste, die sich östlich der Kaskaden auf dem Columbia Plateau ausbreitet. Daneben steht die Geschichte der Indianer und der ersten Siedler, Holzfäller und Goldsucher im Mittelpunkt. Ein Rundgang über das Freigelände führt vorbei an verschiedenen Tierhabitaten, einer rekonstruierten Sägemühle und einer Ausstellung über die Veränderung der Wälder durch Menschenhand.

WANDERLUST

In einem der beschaulichen Wohnviertel von Bend sind David und Aleta Nissen zu Hause. Die beiden gehörten zu den Ersten, die den Freizeitwert der Ortschaft erkannten und Touren unter dem Slogan »Discover what's around this Bend!« anboten. Sie gründeten 1993 den Tourveranstalter »Wanderlust« und geben seither Besuchern Gelegenheit, einen ungewöhnlichen Einblick in die Bergwelt der Cascade Range mit ihren Seen und den durch die Vulkane entstandenen Höhlen zu bekommen. Im Angebot stehen diverse Kanu- und Kajak-, Schneeschuhtouren, aber auch Höhlen- und Vulkanführungen unter qualifizierter Leitung und für alle Altersstufen.
Wanderlust Tours, www.wanderlusttours.com, Tel. 001-541-389-8359 oder 001-800-962-2862 (gratis in USA).

PARKINFORMATIONEN

www.nps.gov/crla, Eintritt: $ 10/Pkw

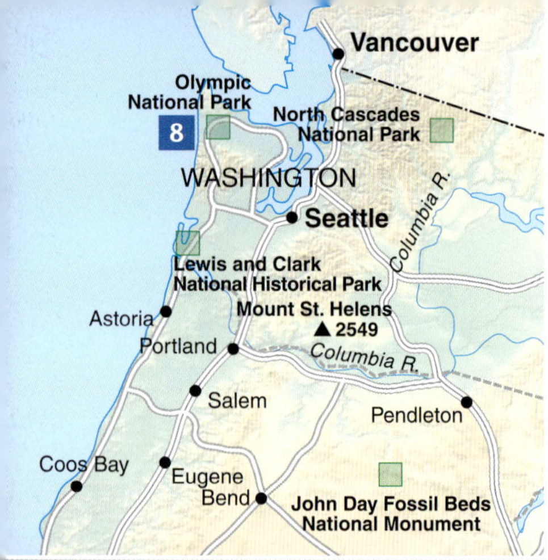

Indianerland mit mystischem Flair: Im 1938 zum Nationalpark erklärten Olympic National Park in Washington sind alpine Wildnis, Sandstrände, Klippen und Regenwald auf einem Areal vereint. Oben und rechts: Rialto Beach.

8 Olympic National Park

Wellen, Wälder und Berge

Schneebedeckte Berggipfel, dichte Wälder, klare Bäche und Flüsse, türkisfarbene Buchten und menschleere Sandstrände machen die Olympic Peninsula zum Naturparadies. Markiert durch den Mount Olympus, erstreckt sich das Schutzgebiet fast über die gesamte Halbinsel zwischen Pazifik im Westen, Strait of Juan de Fuca – der Meerenge, die Kanada und die USA voneinander trennt – im Norden und Puget Sound im Osten.

Als 1788 der britische Seefahrer John Meares den schneebedeckten Gipfel über dem dichten Regenwald auf der Halbinsel im Nordwesten erblickte, glaubte er anscheinend, hier die zweite Heimat des antiken Göttervaters vor sich zu haben, und nannte den Berg deshalb Mount Olympus. 1909 erklärte Präsident Theodore Roosevelt große Bereiche um den rund 2600 Meter hohen Berg zum National Monument. Anlass war in erster Linie persönliches Interesse: Er wollte die vom Aussterben bedrohten, nach ihm benannten Roosevelt-Hirsche unter Schutz stellen.
Im Jahr 1938 wurde das Gelände des Schutzgebietes vergrößert und zum National Park erhoben. Zu Recht, denn der gut 370 000 Hektar große, wenig bekannte Park ist ungeheuer vielseitig: Er vereint alpine Wildnis mit Sandstränden und Klippen und weist zudem große Areale des selten gewordenen nichttropischen Regenwaldes auf.

Der Donnervogel und die Waljagd

Die geheimnisvolle Welt des Regenwaldes zwischen Mount Olympus und Pazifik lebt auch in den Geschichten und Mythen der hier sesshaften Indianer fort. Noch heute verehren Stämme wie die Makah den Thunderbird, den Donnervogel, der in einer Höhle am Gipfel des Mount Olympic leben soll. Einst hatte er die Indianer vor einer Hungersnot gerettet, indem er ihnen den Walfang beibrachte. »Heimat des Donnervogels« nennen die Indianer daher den Berg, und der Walfang ist für sie ein heiliger Akt. So können die Makah-Indianer bis heute den Rummel nicht verstehen, den ihre letzte Waljagd im Frühjahr 1999 auslöste. Machte der kleine Stamm doch damals nur von seinem verbrieften Recht Gebrauch, einen Wal nach jahrhundertealter Tradition zu fangen.
Seit Urzeiten wurden von diesen Küstenindianern Wale gejagt, und es waren nicht sie, die die ihnen heiligen Tiere

Eine Landschaft zwischen Bergen und Meer, mit Stränden und sattgrüner Regenwaldvegetation, Wasserfällen und Blumenwiesen breitet sich vor der Hochgebirgskulisse aus. Ganz oben und rechts: Rialto Beach. Oben: Die Sol Duc Falls.

beinahe ausgerottet hätten. Im Gegenteil, die Makah hatten bereits Anfang des 20. Jahrhunderts, lange vor dem weltweiten Fangverbot, aufgehört, Grauwale zu jagen, da sie bemerkt hatten, dass immer weniger Tiere vor der Küste gesichtet wurden. Inzwischen haben sich die Bestände aber wieder erholt, sodass 1999 ein gut zehn Meter langer und 27 Tonnen schwerer Wal getötet und gemeinsam verzehrt werden konnte – ein Jahrhundertereignis, das dem Stammesgefühl enormen Auftrieb gab.

Zwischen Bergen und Meer

Alles beherrschender Blickpunkt, häufig von dichten Wolken eingehüllt, ist der 2428 Meter hohe Mount Olympus im Zentrum der Halbinsel. Wie Mount Rainier und Mount St. Helens verdankt auch er seine Entstehung der Reibung von amerikanischer und pazifischer Erdplatte. Modelliert durch eiszeitliche Gletscher und abgeschliffen durch nacheiszeitliche Erosionen, ziert seinen Gipfel eine leuchtend weiße Kappe ewigen Eises. Dieses kann sich durch die herrschenden hohen Niederschläge – 2500 Millimeter Regen und zwölf Meter Schnee jährlich – ständig neu bilden. Wie nah der Himmel der Erde sein kann, spürt man nirgendwo besser als auf der Olympic Peninsula, der Halbinsel, die sich zwischen den Puget Sound nahe der Metropole Seattle und den Pazifik schiebt. Manchmal hängen hier die Wolken so tief, dass sie den Waldboden zu berühren scheinen. Oder sind es nicht Wolken, sondern Nebelschwaden, die vom Pazifik heranziehen? So genau weiß man das in diesem Naturschutzgebiet nicht. Haben dann die Sonnenstrahlen gegen Mittag den Dunst endlich aufgesogen, eröffnet sich dem Betrachter nicht nur das einzigartige Panorama schneebedeckter Bergriesen, sondern plötzlich scheint dem undurchdringlich scheinenden Wald neues Leben eingehaucht worden zu sein.

Rund drei Millionen Besucher machen sich jährlich auf den Weg zu diesem nördlichsten und einzigen nichttropischen Regenwald der Welt und erkunden über das dichte Netz an Wanderwegen das »verzauberte« Land der alten Baumriesen. Nur hier werden Nadelbäume über 400 Jahre alt und über 90 Meter hoch: Der vulkanische Boden, die hohe Feuchtigkeit und die reine Luft schaffen die nötigen Voraussetzungen. Die etwa 30 Kilometer lange Wanderung vom Regenwald hinauf auf den 2428 Meter hohen Mount Olympus, für die man zwei Tage braucht, wagen allerdings nur etwa 300 Bergwanderer pro Jahr – sehr zur Freude der Ranger, die den Naturpark möglichst unberührt sehen möchten.

Grünes Dickicht

Im Hoh Rain Forest, an der Westseite des Naturparks, präsentiert sich das beinahe unwirklich erscheinende grüne Dickicht mit Moosen und Pilzen, Sequoias, Tannen und Ahornen am eindrucksvollsten. Während solche Regenwaldlandschaften in den tieferen Lagen der Berglandschaft der Olympic Peninsula zu finden sind, wächst mit zunehmender Höhe und Trockenheit der Anteil an Misch-, dann an Nadelwald. Vom Hoh Rain Forest Visitor Center aus kann man auch als ungeübter Wanderer auf zwei kurzen Rundwegen den Wald

und seine Flora und Fauna intensiver kennenlernen.
Vor Forks, dem zentralen Versorgungsort an der Westküste, zweigt eine Seitenstraße ab, die entlang dem Sol Duc River westwärts zur Küste bei La Push führt. Hier, nördlich der Flussmündung am Rialto Beach, präsentiert sich die Uferlinie mit ihren Klippen und rund 80 Kilometern Sandstrand besonders reizvoll, speziell bei Sonnenuntergang. Ganz im Nordwesten der Halbinsel liegen Neah Bay und die Makah Indian Reservation. Die einzige Lebensader der Halbinsel stellt der legendäre US-Highway 101 dar, Teil des von San Diego bis hinauf nach Seattle verlaufenden Pacific Coast Highway. Er passiert auch den wichtigsten Ort der Region, Port Angeles. Von dort führt eine Stichstraße zur 1600 Meter hohen Hurricane Ridge. Hier oben bietet sich ein traumhafter Blick auf den Mount Olympus.
Ein dichtes Netz von Trails führt durch die mystisch-geheimnisvolle Welt des Regenwalds, deren unterschiedlichen Landschaftsformen eine vielseitige Flora und Fauna hervorgebracht haben: Roosevelt-Hirsche, Elche, Schwarzbären, Rehe, Waschbären und Schneeziegen sind hier zu sehen. Kojoten, Füchse, Stinktiere, Marder und Luchse sind ebenso vertreten wie Hasen, Erdhörnchen und Murmeltiere. Auf den Klippen tummeln sich Robben, und in der Ferne ziehen im Ozean die Grauwale vorbei. Noch vielfältiger ist die Vogelwelt: über 180 Arten, insbesondere Wasser- und Seevögel, aber auch Seeadler und Wanderfalken können beobachtet werden.

VOM MEERESRAUSCHEN IN DEN SCHLAF GEWIEGT

Mehrere Hotels, Lodges und Campingplätze sind im Umfeld des Nationalparks zu finden, konzentriert in den Ortschaften an den Parkgrenzen, z. B. Port Angeles, Forks oder Port Townsend. Dort gibt es ein breites Spektrum an Übernachtungsmöglichkeiten und sonstigen Versorgungseinrichtungen. Besonders schön sind jedoch die Herbergen im Westen der Olympic Peninsula, vor allem aufgrund ihrer oft einsamen Lage direkt am Pazifik. Diesbezüglich einmalig ist die historische Kalaloch Lodge am US-Highway 101 zwischen Queets und Roby Beach, nur wenige Schritte vom Pazifik entfernt. Es gibt außer den Standardzimmern im Haupthaus auch einzeln stehende, rustikale Cabins.
Kalaloch Lodge, www.olympicnationalparks.com/accommodations/kalaloch-lodge.aspx, Tel. 001-360-962-2271

PARKINFORMATIONEN

www.nps.gov/olym,
sowie www.olympicnationalparks.com,
www.olympicnationalparks.com

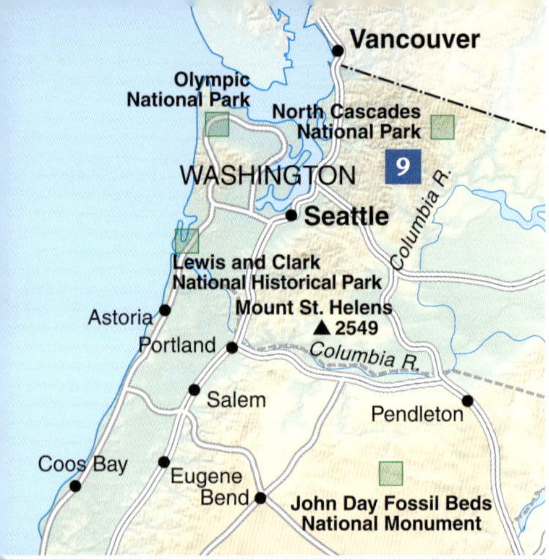

Fast unberührte Bergwelt mit Gletschern, ausgedehnten Wäldern und nur wenig Besucher und karge Infrastruktur: der North Cascades National Park ist ein ideales Terrain für wahre Naturfreaks und Wanderer. Ganz oben: Mount Baker. Unten: Mount Shuksan.
Rechte Seite: Blick auf den Ross Lake.

9 North Cascades National Park

Die »North American Alps«

Die Bergwelt im North Cascades National Park, hoch im Norden des US-Bundesstaats Washington und nahe der kanadischen Grenze, nennt man nicht umsonst North American Alps. Mächtige, schneebedeckte Berge, Gletscher, dichte Wälder, Bergseen und tiefe Täler erinnerten die erste Siedler vielleicht tatsächlich an die europäischen Alpen – allerdings ist die Bergwelt der Cascades um einiges imponierender ...

Beeindruckend im North Cascades National Park ist in erster Linie die Bergwelt selbst, geformt und geschliffen durch Gletscher. Ihre höchsten Gipfel bleiben aufgrund der geografischen Lage und der hohen Niederschläge an der Westflanke selbst im Sommer von Schnee bedeckt. Zahlreiche Aussichtspunkte entlang der Durchgangsstraße, dem North Cascades Scenic Highway (WA Highway 20), bieten atemberaubende Ausblicke auf diese alpenähnliche Kulisse.
Kaum 20 000 Reisende besuchen jedes Jahr den 1968 gegründeten, 2045 Quadratkilometer großen Nationalpark hoch im Norden. Diese Zahlen machen deutlich, dass Wander- und Naturfreunde hier selbst in der Hochsaison voll auf ihre Kosten kommen und Menschenmassen kein Problem sind. Eine vernünftige Ausrüstung, etwas Kondition, Freude an der Natur und am einfachen Campen sind jedoch Voraussetzungen, wenn man länger als einen Tag bleiben möchte, denn die Infrastruktur im Park ist eher spärlich. Doch selbst wer nur den Scenic Highway mit ein paar Stopps an *Trailsheads* und Aussichtspunkten abfährt, erhält einen guten Eindruck von der fast unberührten Bergwelt.
Aber eben nur fast unberührt, denn in den North Cascades befinden sich gleich drei Stauseen. Sie werden von Seattle City Lights betrieben, einem Energieunternehmen, das die ferne Großstadt Seattle mit Strom versorgt. Der Nationalpark selbst gliedert sich in North und South Unit und ist Teil eines größeren Naturschutzareals. Die beiden Abschnitte werden vom Ross Lake und der Lake Chelan National Recreational Area umrahmt. Den Nordteil des Parks erschließt der Highway 20, den Südteil am Lake Chelan kann man per Boot oder Flugzeug von Chelan aus oder auf einem etwa 30 Kilometer langen Wanderweg erreichen.

Die Gipfel der höchsten Berge wurden hier nicht in der kontinentalen Eiszeit vor rund 15 000 Jahren geformt, sondern während einer kleinen Zwischeneiszeit vor 3000 Jahren. Über 300 Gletscher sollen sich erhalten haben, allerdings werden auch sie allmählich Opfer des Klimawandels. Die Tierwelt des Parks hat sich den differenzierten Verhältnissen zwischen feuchter Westseite und relativ trockener Ostseite angepasst und besteht überwiegend aus Berglöwen und Schneeziegen, Luchsen und Schwarzbären. Selten lassen sich Grizzlys sehen, und auch Hirsche und Elche machen sich rar. Da der Park groß und wenig erschlossen ist, können sich die Tiere in wenig frequentierten Regionen zurückziehen und Durchreisende benötigen Glück, um entlang der Straße Wild beobachten zu können.

Die Vegetation gleicht auf den ersten Blick derjenigen der Alpen. Besonders an den regenreichen Westhängen sind es Douglas- und Hemlocktannen, die bis zu 70 Meter hoch werden und eine Art »Regenwald« mit Pilzen, Farnen und Moosen in bodennahen Regionen bilden. Die trockenere Ostseite ist spärlicher bewachsen, am häufigsten sind verschiedene Kiefernarten. Entlang den Flüssen erstrecken sich sogenannte Galeriewälder aus Weiden und Pappeln. Mit zunehmender Höhe nimmt die Dichte des Baumbestands deutlich ab, und nur Lärchen und Tannen, seltener Ahorne, reichen bis zur Baumgrenze. Heide- und Buschvegetation bildet eine Übergangszone zwischen Bäumen und den kargen Hochgebirgspflanzen, die sich hauptsächlich durch ihre Anpassung an das raue Klima auszeichnen.

REFUGIUM AM LAKE CHELAN

Der Südteil des Parks um Lake Chelan, nur zu Fuß, per Boot oder Flugzeug von Chelan aus erreichbar, ist ein traumhaftes Naturrefugium. Besonders wer in der kleinen Ortschaft Stehekin, etwa im Stehekin Landing Resort (www.stehekinlanding.com) übernachtet, wird dieses Erlebnis genießen. Hierher kamen schon Goldsucher, ehe das erste Hotel 1889 am See eröffnete. Wenn nachmittags die Tagesbesucher wieder auf den Booten verschwunden sind, herrscht idyllische Ruhe. Der 80 Kilometer lange, aber nur gut zwei Kilometer breite Lake Chelan, dessen Becken vor gut 15 000 Jahren von Gletschern ausgefräst wurde, ist über 450 Meter tief, seine tiefste Stelle liegt 130 Meter unter dem Meeresspiegel!
Infos zum Ort und Übernachtungsmöglichkeiten: http://stehekin.com

PARKINFORMATIONEN

www.nps.gov/noca, freier Eintritt

10 Nationalparks in Alaska

Geschütztes Land im hohen Norden

»Sewards Torheit« nannten viele Amerikaner den Handel, den ihr Außenminister William Seward 1867 abgeschlossen hatte: Für fünf Cents pro Hektar hatte er Russland ganz Alaska abgekauft. Heute weiß man, dass Seward wahrlich keine Torheit begangen, sondern ein Schnäppchen gemacht hatte. Für die USA ist der Bundesstaat hoch im Norden wichtiger Rohstofflieferant, aber auch das größte Naturschutzareal innerhalb seiner Staatsgrenzen. 20 Gebiete betreut der National Park Service, darunter acht Nationalparks: Der größte der USA, Wrangell-St. Elias mit 53 000 Quadratkilometern, und die bekannten Denali oder Gates of the Arctic National Parks gehören dazu. Insgesamt stehen 65 Prozent der 1,7 Millionen Quadratkilometer Fläche unter Naturschutz, eine beachtliche Fläche! Das konnte allerdings nicht verhindern, dass die Havarie des Öltankers Exxon Valdez im Jahr 1989 im Golf von Alaska eine Ölkatastrophe auslöste, deren sichtbare Spuren zwischen Katmai und Kenai Fjords National Park zwar großteils verschwunden sind, deren Auswirkungen die Menschen und das ökologische Gleichgewicht jedoch noch heute treffen.

INFORMATIONEN ZU DEN NATIONALPARKS IN ALASKA:
www.nps.gov/state/ak/index.htm bzw. www.us-national-parks.net/state/ak.htm

Acht Nationalparks liegen allein in Alaska, insgesamt stehen 1,7 Mio. qkm unter Schutz. Hier kann man Otter, Bären und Karibus noch in freier Wildbahn erleben.

11 Lewis & Clark Nat. Historical Park

Spuren einer bedeutenden Expedition

Sie ist eine Stadt der Hügel und wird wegen ihrer Geografie auch »Little San Francisco of the Northwest« genannt. 1811 war Astoria hier über dem Mündungsdelta des mächtigen Columbia River in den Pazifik als erste dauerhafte europäische Siedlung im Auftrag des deutschen Johann Jakob Astor, Chef der American Fur Company, gegründet worden.
Vier Monate lang hatten im Winter 1805/6 die Teilnehmer der Forschungsexpedition unter Meriwether Lewis und William Clark die Region um die Flussmündung erkundet. An sie erinnernd, wurde 2004 der Lewis and Clark National Historical Park eingerichtet. Er reicht von Cannon Beach (Oregon) im Süden über etwa 65 Kilometer bis Ilwaco (Washington) im Norden und umfasst mehrere historische Stätten wie Salt Works, Station Camp oder Cape Disappointment State Park. Kernstück ist jedoch das nach historischen Quellen nachgebaute Fort Clatsop in Astoria. Es vermittelt einen guten Eindruck von den Lebensumständen und Gegebenheiten, mit denen die Expeditionsteilnehmer hier konfrontiert waren.

PARKINFORMATIONEN:
www.nps.gov/lewi, Eintritt: $ 3 pro Person, www.oldoregon.com zu Astoria.

Erst 2004 wurde der Lewis & Clark National Historical Park eingerichtet. Er erstreckt sich über die beiden Staaten Oregon und Washington zwischen dem Pazifik und den Bergen der Cascade Range. Links: Die mittlere und die nördliche Schwester der Three Sisters Mountains.

12 John Day Fossil Beds Nat. Monument

Blick in die Erdgeschichte

Im Osten des Bundesstaats Oregon erstrecken sich die westlichen Ausläufer des Columbia Plateaus. In die Hochwüste haben sich im Laufe der Erdgeschichte Flüsse wie der John Day River tief eingegraben, und ein Paradies für Geologen und Paläontologen entstand. Entlang dem Scenic Byway *Journey through Time* reihen sich beschauliche Ortschaften wie Condon, Fossil oder John Day. Die kurvenreiche Fahrt führt durch reizvolle Landschaft, die dünn besiedelt und von Rinderzucht und Getreideanbau geprägt ist, *small town America* ganz ohne Fastfood-Lokale, Supermärkte, Verkehr und Ampeln. Auf der Fahrt passiert man die drei gleichermaßen interessanten wie unterschiedlichen Teile des John Day Fossil Beds National Monument, die Einblick in die Erdgeschichte seit dem Tertiär geben. Es handelt sich um die einzige Region weltweit, die die komplette Flora und Fauna des Tertiär abdeckt.

Wer selbst nach Fossilien suchen möchte, kann das in der Ortschaft Fossil tun, wo das Oregon Paleo Lands Institute (www.paleolands.org) mit einer Lehrausgrabung und einem kleinen Museum zu Hause ist.

PARKINFORMATIONEN:

www.nps.gov/joda, freier Eintritt

Ein Paradies für Paläontologen und Geologen liegt im Osten von Oregon. Das John Day Fossil Beds National Monument gibt Einblick in Flora und Fauna des Tertiär und hat reizvolle Landschaft und nette Orte zu bieten.

Rechts: Blick auf den Mount Bachelor.

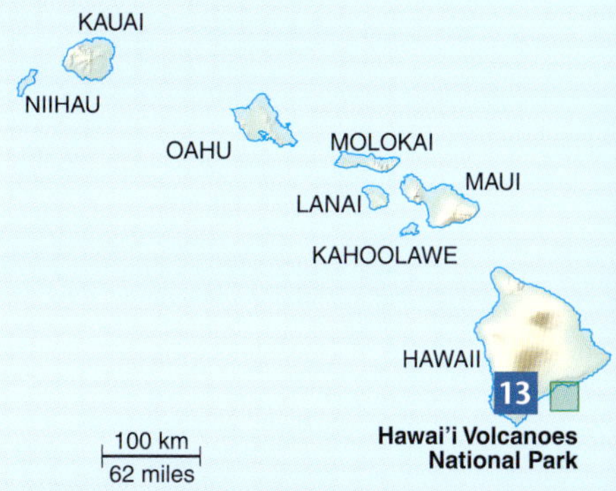

13 Hawai'i Volcanoes National Park

Rauchende Berge im Pazifik

»Ausgebreitet, viel speiend«, wie ihn die Hawaiianer nennen, ragt der Vulkan Kilauea aus der Flanke des 4100 Meter hohen Mauna Loa, des »langen Berges«, heraus. Zusammen bilden die beiden Gipfel zwei der aktivsten Vulkane der Welt. Kein Wunder, dass man hier schon 1916 einen Nationalpark eingerichtet hat, lange bevor Hawaii 1959 als Bundesstaat in die USA aufgenommen wurde. Die 1300 Quadratkilometer Fläche des Parks breiten sich um die beiden mächtigen Vulkane auf »Big Island« aus, wie Hawaii, die größte der Inseln, die den Bundesstaat ausmachen, auch genannt wird. Die Vulkane gewähren nicht nur Wissenschaftlern interessante Einblicke in die Entstehungsgeschichte, auch Besucher erfahren Interessantes über die geologische Dynamik der Vulkaninseln im Pazifik. Darüber hinaus ist die Tier- und Pflanzenwelt von großer biologischer Bedeutung: Unzählige Arten konnten sich in der Abgeschiedenheit der hawaiianischen Inselwelt entwickeln und erhalten. Auch deswegen hat die UNO den Nationalpark 1980 zu einem »International Biosphere Reserve« und 1987 zur »World Heritage Site« ernannt.

PARKINFORMATIONEN:
www.nps.gov/havo, Eintritt: $ 10/Pkw

Komplett anders präsentiert sich der Hawai'i Volcanoes National Park, der sich auf 1300 qkm auf Big Island ausbreitet. Im Umkreis der zwei aktiven Vulkane hat sich zudem eine interessante Tier- und Pflanzenwelt entwickelt.

Der Südwesten Nordamerikas ist Indianerland und dürfte jene Region sein, an die jeder beim Namen »Nationalpark« sofort denkt. Hier stehen tatsächlich die beeindruckendsten Areale wie der Arches (oben) und Grand Canyon Nationalpark (rechts) unter Schutz.

Südwesten und Colorado Plateau

14 Grand Canyon National Park

Ein Naturschauspiel, das sprachlos macht

Steht man zum ersten Mal am Rand des Grand Canyon, hält man den Atem an: Welch kleiner Wurm ist doch der Mensch im Angesicht dieser grandiosen Landschaft! Das Ungewöhnliche ist, dass man hier nicht aufblickt zu einer monumentalen Berglandschaft, sondern umgekehrt: Man schaut oben von einer Ebene hinunter in eine etwa 1600 Meter tiefe Schlucht.

»Umkehrter Berg« nannten ihn die Indianer, und tatsächlich blickt man beim Grand Canyon nicht wie üblich hinauf in die Bergwelt, sondern hinab in die tiefe Schlucht des Colorado River. Oben ein Blick auf die Überreste des alten Pueblo Tusayan.

K*aibab – mountain lying down* oder »umgekehrter Berg« – nannten einst die hier lebenden Paiute-Indianer den Grand Canyon. An dessen Grund fanden sich Besiedelungsspuren, etwa an der Bright Angel Site oder im Nankoweap-Seitental, die bis in die Zeit um 1000 v. Chr. zurückreichen. Doch erst die Anasazi, jenes legendäre Indianervolk, das gegen Ende des 13. Jahrhunderts spurlos verschwunden ist, hinterließen auch Ruinen wie das Tusayan-Pueblo. Von den später zugewanderten Indianerstämmen sind heute noch Hualapais und Havasupais, Paiutes und Navajos in der Region zu Hause.

An die fünf Millionen Besucher genießen Jahr für Jahr das grandiose Naturschauspiel. Die meisten kommen zum South Rim, wo sich der Hauptort Grand Canyon Village befindet. Zwischen Mai und Oktober gleicht der Verkehr hier dem in Großstädten zu Stoßzeiten, und ohne Reservierung ist kaum eine Unterkunft zu bekommen. Dabei sollte man das Naturwunder nicht im Schnelldurchlauf und mit nur kurzem Stopp am South Rim absolvieren, sondern mindestens zwei Übernachtungen einplanen. Mehrere Lodges stehen dafür zur Auswahl, am South Rim zum Beispiel die Bright Angel Lodge, das El Tovar Hotel und die Thunderbird Lodge.

Wegweisende Expedition

Es waren Spanier, die erstmals vom *Gran Cañon* sprachen. Francisco Vasquez de Coronado erreichte das Gebiet 1540 auf der Suche nach den mythischen »Sieben Städten von Cibola«. Er selbst sah den Canyon nicht, schickte aber eine Gesandtschaft mit Garcia Lopez de Cardenas und Hopi-Scouts dorthin. Die nach Gold suchenden Spanier ließen sich durch das gebotene Naturschauspiel nicht beeindrucken, betrachteten das Areal vielmehr als öde und lebensfeindliche Wildnis und ließen es links liegen. Die spanischen Abenteurer strebten schließlich nach Höherem und hatten nichts anderes im Sinn als die legendären Goldstädte.

John Wesley Powell war der Erste, der das Areal um den Colorado River erforschte, wissenschaftlich dokumentierte und kartierte und letztlich dafür sorgte, dass es unter Schutz gestellt wurde. Rechte Seite: Espen am Nordrand des Grand Canyons.

Einarmiger Forscher mit Überzeugungskraft

Es bedurfte erst eines außergewöhnlichen Mannes, um das Naturwunder ins angemessene Rampenlicht zu rücken: John Wesley Powell (1834–1902), ein naturbegeisterter Geologieprofessor, ließ sich, obwohl er im Bürgerkrieg seinen linken Arm verloren hatte, nicht von naturkundlichen Expeditionen abhalten. Am 24. Mai 1869 brach er mit neun Gleichgesinnten auf, um den Green und den Colorado River zu erforschen. Die Boote der Expedition folgten dem Green River von der gleichnamigen Ortschaft in Wyoming bis zum Zusammenfluss mit dem Colorado im Südosten Utahs und weiter zum Grand Canyon. Nach drei Monaten kehrten Powell und fünf seiner Begleiter – die Übrigen hatten unterwegs aufgegeben – beim heutigen Lake Mead wieder in die Zivilisation zurück.

Powell konnte anschließend die Washingtoner Smithsonian Institution überreden, ihm eine weitere, diesmal offizielle Forschungsreise entlang dem Colorado zu finanzieren. 1871 machte er sich erneut auf den Weg, nun mit dem Ziel, eine wissenschaftliche Dokumentation und Kartierungen vorzunehmen. Powell nahm mit John A. Hillers diesmal auch einen Fotografen mit, der das Naturwunder bildlich dokumentieren sollte. 1875 publizierte Powell seine Ergebnisse in einem faszinierenden Buch und verfasste vier Jahre später ein weiteres wegweisendes Werk mit dem Titel *Report on the Lands of the Arid Region of the United States*, dessen Wert jedoch erst in jüngerer Zeit erkannt wurde. Powell äußerte darin nämlich seine Bedenken gegen eine landwirtschaftliche Nutzung großer Teile des Westens, mit der Begründung, dass Wüstenlandschaften auf Dauer zu trocken und damit ungeeignet seien für den Landbau. Damals wollte niemand auf ihn hören, doch heute nimmt man seine geologischen und klimatischen Erkenntnisse hingegen ernst.

Unbeschreibliche Dimensionen

Die Ausmaße des Canyons voll zu erfassen, fällt schwer. Noch schwieriger aber ist es, das hohe Alter dieser Schlucht – zwei Milliarden Jahre – zu begreifen. Wie ein aufgeschlagenes Buch der Erdgeschichte wirkt die klar erkennbare Schichtenfolge in der Canyonwand, die rund 1600 Meter tief bis zum Colorado River hinabreicht. Der Fluss hat sich im Laufe der Zeit immer tiefer in die Hochebene hineingefräst. Die oberen Schichten zum Beispiel, aus Kaibab- und Toroweap-Kalkstein, entstanden beim Austrocknen urzeitlicher Meere, während die unteren Sandsteinschichten auf eine ältere Wüste zurückgehen, die vor Jahrmillionen mehr als 50 000 Quadratkilometer des Südwestens bedeckte. Powell und seine Männer erlebten auf ihren Booten noch den ungezähmten Colorado River, heute ist der Fluss dagegen durch zwei große Stauseen gebändigt: Flussaufwärts, bei Page (Arizona), liegt der Lake Powell, aufgestaut durch den Glen Canyon Dam und flussabwärts hat der Hoover Dam südlich von Las Vegas den Lake Mead geschaffen. Elfmal während der letzten Jahrmillionen soll beim heutigen Tuweep flüssige Lava nach Vulkanausbrüchen den Colorado am Weiterfluss gehindert haben. Der

höchste dieser Lavadämme maß 165 Meter und staute das Wasser auf fast 300 Kilometer auf. »Welch ein Kampf zwischen Wasser und Feuer muss sich hier abgespielt haben!«, schrieb Powell. »Man stelle sich eine Flut von flüssigem Gestein vor, die sich in einen Fluss aus Schmelzwasser ergießt. Welch Schäumen und Brodeln, welche gewaltigen Wolken, die da zum Himmel steigen!«

Dem Besucheransturm entgehen

Die meisten Besucher nähern sich dem Grand Canyon, der seit 1919 als Nationalpark ausgewiesen ist, von Süden. Auf diesem Weg über das Coconino Plateau mit seinen Goldkiefernwäldern, flankiert von den San Francisco Mountains, gibt es kaum Vorzeichen auf das bevorstehende Ereignis: Vielmehr taucht der Abgrund wie aus dem Nichts plötzlich auf. Einen ersten intensiven Eindruck erhält man vom Mather Point am South Rim. Westlich davon liegt das Grand Canyon Village, das 1901 durch eine Eisenbahnlinie erschlossen wurde und seither als touristisches Zentrum fungiert. Im Dorf befinden sich die Park Headquarters und ein Besucherzentrum sowie mehrere Hotels.

Shuttlebusse und Wandertrails verbinden die einzelnen Aussichtspunkte zwischen Hermits Rest ganz im Westen und Desert View mit dem rund 2500 Meter hohen Watchtower als östlichstem Punkt. Sehenswert am South Rim ist zudem die Tusayan Ruin, die Reste einer alten Indianersiedlung. Weniger überlaufen ist der North Rim, der allerdings nur über einen Umweg von Utah aus erreichbar ist. Dafür entschädigt dort der Ausblick vom Bright Angel Point.

Ein Highlight im Park ist der Bright Angel Trail, der hinunter in den Canyon führt. Mit jedem Schritt hinab wachsen die Stille und Grandiosität der Landschaft. Eine Tageswanderung führt zu den Indian Gardens, einer grünen Oase 945 Meter unter dem Canyonrand (Camping) und auch noch weiter hinunter zum Colorado River (Campingplatz). Obwohl am nächsten Tag der anstrengende Aufstieg bevorsteht, wird diese Exkursion – zu Fuß oder aber auf dem Rücken eines Pferdes bzw. Mulis – ein unvergessliches Erlebnis bleiben!

GRAND CANYON AUS DER LUFT

Papillon Grand Canyon Helicopters bietet Touren mit Hubschraubern sowie kleinen Flugzeugen über den Grand Canyon an. In 30 oder 60 Minuten geht es über bzw. hinab in den Canyon, zum tiefsten Punkt, dem Dragon Corridor. Startpunkt ist der Grand Canyon National Park Airport am South Rim (www.papillon.com, von Deutschland gratis Tel. 0800-187-3676, in USA gratis: 001-888-635-7272).

Auf Reservatsgrund der Hualapai-Indianer am West Rim befindet sich der Grand Canyon Skywalk (www.grandcanyonskywalk.com), über Diamond Bar Road (ab Highway 93 zwischen Las Vegas und Kingman, letzte 25 Kilometer Schotterpiste) erreichbar. Von diesem 20 Meter weit in den Canyon hinausragenden »Balkon« mit rund zehn Zentimeter dickem Glasboden blickt man hinunter auf den Colorado River.

PARKINFORMATIONEN

www.nps.gov/grca, Eintritt: $ 25/Pkw,
Unterkünfte:
www.grandcanyonlodges.com

Fragile Naturschönheit, die inzwischen vor Besuchern geschützt werden muss: der Zion National Park darf in der Hochsaison nicht mit Privatautos befahren werden. Es verkehren Shuttlebusse. Oben: Der Blaukehl-Hüttensänger gehört zu den zahlreichen gefiederten Bewohnern des Parks. Rechte Seite: Auf dem Mount Carmel Highway.

15 Zion National Park

Wasser, Felsen und Zeit

»Wenn ich gehe, dann hinterlasse ich keine Spuren« – der Dichter, Künstler und Abenteurer Everett Ruess (1914–1934) war von der Schönheit des Südwestens derart angetan, dass er das Land am liebsten auf ewig unberührt gesehen hätte. Heute pilgern jedoch in den Südwesten von Utah unzählige Besucher. Ruess selbst hinterließ tatsächlich keine Spuren: Im November 1934 verschwand er unauffindbar in der roten Felslandschaft ...

Die zwischen 1500 und 7000 Meter hoch gelegene Wüstenregion auf dem Colorado Plateau, im Süden Utahs und Colorados sowie im Norden Arizonas und New Mexicos, bildet nicht nur das Herz des Südwestens, sondern eine Schönheit, die sich kaum in Worte fassen lässt: Wasser, Felsen und Zeit haben eine Landschaft geformt, die nicht vielseitiger sein könnte: glatt polierte, rot glänzende Felsen, grünlich-graue Macchia, sattgrüne Kiefern- und Wacholderwälder, bizarr geformte Monolithe, Felsbögen und Hoodoos in leuchtendem Rotbraun, tiefe Schluchten mit rauschenden Wildbächen, Mesas und karstige Bergketten, Wüsten und Kakteen, heiße Sommer und schneereiche Winter.

Lieblingspark in Utah

Mit gleich fünf Nationalparks – Arches, Bryce, Canyonlands, Capitol Reef und Zion – sowie dem Monument Valley und dem North Rim des Grand Canyon National Park nennt sich Utah stolz *America's national parks capital.* Zion ist dabei der meist besuchte Park im Staat und angesichts der fast 2,7 Millionen Touristen, die ihn Jahr für Jahr heimsuchen, hat man eine ungewöhnliche Maßnahme ergriffen: Privatautos sind von April bis Oktober nur auf der Durchgangsstraße – dem Highway 9, der den Südteil des Parks in West-Ost-Richtung durchquert – erlaubt. Abgesehen von diesem vergleichsweise kleinen Areal in der südöstlichen Ecke, ist der Großteil der insgesamt fast 600 Quadratkilometer umfassende Parkfläche nur spärlich erschlossen.
Auf der Stichstraße hinein in die Schlucht verkehren regelmäßig Busse der Nationalparkverwaltung. Sie halten am Visitor Center und an allen Sehenswürdigkeiten des Parks: am History Museum, am Court of the Patriarchs, an Zion Lodge/Emerald Pools – mächtigen

Ein bisschen wie die Alpen, aber viel größer: Im Zion National Park blickt man vom Tal auf steile rote Felswände, folgt dem Flusstal des Virgin River, sieht Wasserfälle und findet perfekte Wanderbedingungen.

Wasserfällen –, an der Grotto, Weeping Rock, Big Bend mit dem Great White Throne und zuletzt am Temple of Sinawava, dem Endpunkt der Route. Von dort führen dann nur noch Wanderpfade tiefer in die Landschaft um das Tal des Virgin River.

Wasser, Felsen und Zeit

Anders als beim Grand Canyon, wo man von oben hinab in eine tiefe Schlucht blickt, steht man im Zion National Park unten im Tal und blickt hinauf auf steile Felswände. An manchen Stellen fallen die Steilklippen 1000 Meter ab – kein Wunder, dass die ersten Siedler, großteils Mormonen, die Felsen als »natürlichen Tempel Gottes« betrachteten. In Anlehnung an die Bibel bezeichneten sie das grandiose Tal des Virgin River auch als Little Zion.

Der enge Zion Canyon gilt als die ungewöhnlichste Ansammlung von Navajo-Sandstein-Formationen im Südwesten und die Wanderung zu den Narrows als besonders und unvergesslich. Kontinuierlich verengt sich das Tal des Virgin River ausgehend vom sogenannten Temple of Sinawava, wo sich die Felswände über 730 Meter hoch auftürmen. Hier am südlichen Ausgangspunkt ist das Flusstal noch relativ breit, und der Riverside Walk, rund eineinhalb Kilometer entlang dem Ufer, noch einfach. Dann endet der Spazierweg, und es geht hinein ins Flussbett, was allerdings nur bei niedrigem Wasserstand, in den Sommermonaten, möglich ist.

Der meist als harmloser Bach dahinplätschernde Virgin River hat seine Tücken und kann sich im Nu in einen reißenden Strom verwandeln. Speziell nach einem Gewitter wachsen die Wassermassen im Handumdrehen von einem Rinnsal zu einem reißenden Strom mit Schlamm, Geröll und Baumstämmen an. Zuletzt wurden bei einer solchen Flut im April 1995 fast 200 Meter der Straße weggeschwemmt. Entsprechendes Schuhwerk und Trittsicherheit sind weitere Voraussetzungen, um die gut drei Kilometer zur Engstelle zu wandern. Im Mund des Canyons angelangt, wo sich der Virgin River über 600 Meter tief in den Fels eingegraben hat, liegen die hoch aufragenden Felswände nur noch rund sechs Meter auseinander, und man hat das Gefühl, beide Seiten mit ausgestreckten Armen berühren zu können.

Wandern und Klettern in faszinierender Landschaft

Im ganzen Canyon gedeiht durch die konstant herrschende Feuchtigkeit und die spezifischen Lichtverhältnisse eine ungewöhnliche Flora, in erster Linie Farne und andere Feucht- und Schattenpflanzen. Selbst die roten Felswände zeigen das ganze Jahr über Spuren von Feuchtigkeit, die als schwarze Striemen erkennbar sind. Im Tal wachsen Pappeln, Eschen und Weiden, nicht weit davon aber auch Kakteen und Mesquite-Bäume, die anzeigen, dass der Zion Park zugleich Teil einer Hochwüste ist. Weiter oben dagegen herrscht ein alpines Klima, und dort gedeihen Douglasien und Coloradofichten.

Vom Highway 9, der den Park auf malerischer Route in Ost-West-Richtung quert, bieten sich immer wieder Wanderungen ins Hinterland an, wie der East Rim Trail. Weitere Trails starten am Scenic Drive, z. B. der West Rim Trail

(mehrstündige Tour ab Grotto) oder der Weg durch den Echo Canyon zum Observation Point (ab Weeping Rock). Eine klassische Klettertour führt vom Grund des Canyons an der Grotto Picnic Area die Canyonwände hinauf zu Angels Landing. Diese lange Tour ist nur etwas für geübte Seilkletterer, für weniger Ehrgeizige stehen der Aufstieg zum Weeping Rock oder unten im Canyon schattige und kürzere Wege wie der Gateway to the Narrows Trail – ein drei Kilometer langer, asphaltierter Rundweg – oder auch die Pfade um die Emerald Pools zur Wahl.
Wer nicht wandert, sieht nur einen Bruchteil des Parks, und allein deshalb empfiehlt sich ein längerer Aufenthalt. Ein guter Tipp für jene, die nicht campen möchten, ist die Zion Lodge, die einzige Unterkunft mitten im Park mit Versorgungseinrichtungen, Zimmern und gut ausgestatteten Cabins. Der Ort Springdale nahe der südlichen Parkzufahrt hat unterkunftstechnisch ebenfalls einiges zu bieten und ist zudem ein attraktiver Standpunkt mit guten Lokalen, Läden und Galerien.
Noch abgeschiedener als der Süden ist der Nordwestteil des Parks, der lediglich durch die rund fünf Kilometer lange Kolob Canyons Road erschlossen ist. Diese Straße erreicht man wiederum nur über einen Umweg um den Park herum. Vorbei am kleinen Kolob Canyon Visitor Center, führt die Straße zum Kolob Canyon Viewpoint. Auf halbem Weg liegt der Lee Pass Trailhead, Ausgangspunkt für die Wanderung zum La Verkin Creek und dem Kolob Arch, der mit seinen 88 Metern als zweitgrößter natürlicher Felsbogen nach dem Landscape Arch im Arches National Park gilt. Für diese Wanderung sollte man besser zwei Tage, also eine Übernachtung im Zelt, einplanen, denn es ist eine Distanz von elf Kilometern einfach in nicht immer ebenem Terrain zurückzulegen.

VERSTECKTES NATURJUWEL

Nur wenige Kilometer westlich von St. George, dem Versorgungszentrum im Südwesten Utahs, verbirgt sich mit dem Snow Canyon State Park ein Naturjuwel. Hier laufen zwei Canyons zusammen und bilden eine beeindruckende Felskulisse aus rotem und gelbem Sandstein, die schon Drehort für Westernfilme war. Interessant ist die Region auch, weil hier drei den Südwesten prägende Ökosysteme zusammentreffen: Mohave Desert, Great Basin sowie Colorado Plateau. Am Ausgang des Canyons liegt das Red Mountain Spa & Resort, ein perfekt in die Landschaft integrierter luxuriöser Hotelkomplex (www.redmountainspa.com) mit einem breit gestreuten Wellness- und Sportangebot sowie exquisitem Restaurant.
St. George/Snow Canyon, www.atozion.com, www.utah.com/stateparks/snow_canyon.htm, Eintritt: $ 5/Pkw (day-use)

PARKINFORMATIONEN

www.nps.gov/zion, Eintritt: $ 25/Pkw; Zion Canyon Field Institute: www.zionpark.org (interessante biologische und geologische Touren, Fotokurse und Workshops).

Erst geht es durch eine hochalpine Bergwaldregion (oben), dann taucht unvermittelt die faszinierend bunte Steinkulisse des Bryce Canyon National Park mit Hoods, Zinnen, Zacken und Falten auf, zum Beispiel der markante Thor's Hammer (rechts).

16 Bryce Canyon National Park

Amphitheater der besonderen Art

Es gibt keinen besseren Ort, die Kräfte natürlicher Erosion zu studieren als den Bryce Canyon National Park im Südwesten des Bundesstaats Utah. Die unwirklich erscheinenden Steintürme, Spitzen, Zinnen und Felswände, die sich im Stil einer riesigen Openair-Bühne präsentieren, locken alljährlich über eine Million Besucher in den Park und machen ihn nach Grand Canyon, Zion und Glen Canyon zu einem der Topreiseziele im Südwesten.

Nähert man sich dem Bryce Canyon von Westen, führt der Weg anfangs noch durch eine eher gewöhnlich anmutende Bergwaldregion, allerdings in 2400 bis 2800 Metern Höhe und lange ins Frühjahr hinein von Schnee bedeckt. Dann lichtet sich das Grün plötzlich und eine Abbruchkante mit atemberaubendem Ausblick taucht auf: Hier am Rand des sogenannten Paunsaugunt Plateaus, sind es rund 600 steile Meter hinab ins Paria Valley. An den Abhängen haben Wind und Wasser ein Gewirr aus gestaffelten, fast unwirklich erscheinenden Türmen und Spitzen, Zacken und Falten entstehen lassen, die im Sonnenlicht in den verschiedensten Gelb-, Rot- und Brauntönen strahlen. Der Großteil der Besucher ergötzt sich am Anblick der steinernen Theaterkulisse von den zahlreichen Parkplätzen und Aussichtspunkten entlang der Stichstraße aus, die in den Nationalpark hineinführt. Der Sonnenaufgang am Sunrise Point gilt als absolutes Highlight, und wenn die Sonnenstrahlen langsam die blassen Felsen beleuchten und sie in Gelb- und Rottöne tauchen, fühlt man, wie klein und unbedeutend der Mensch doch eigentlich ist. Ebenso unvergesslich ist der Sonnenuntergang am Sunset Point, und beide Naturschauspiele lassen verstehen, was die Paiute-Indianer mit der Behauptung meinten, hier hätte einst Coyote, der listige Zauberer und heilige Clown, Bösewichte, die die Menschen bedrohten, in Felsen verwandelt.

Naturtheater mit Ausblick

Hauptattraktion des 145 Quadratkilometer großen Nationalparks ist das Bryce-Amphitheater, das mit 15 Quadratkilometern Fläche zugleich sein Kernstück darstellt. Dort kann man besonders gut die Kraft der Erosion bzw. von Temperaturschwankungen nachvollziehen, die ein hufeisenförmiges Freilichttheater entstehen ließen. Immerhin ist die Region

Kein einfaches Terrain, aber umso faszinierender sind Wanderungen durch die Welt der Zinnen, Falten und Schluchten. Wer es bequem haben möchte, wählt den Scenic Drive.

nur wenige Monate völlig schneefrei, und während im Sommer die Sonne herunterbrennt und das Amphitheater auf bis zu 40 Grad Celsius aufheizt, türmt sich im Winter der Schnee an Zinnen und Zacken. Gefrierendes und wieder auftauendes Wasser spaltete Felsen und formte sie, Regenfälle spülten ganze Gesteinspartien weg. Noch heute sind diese Prozesse im Gang, und man stellt fest, dass sich innerhalb eines halben Jahrhunderts die Abbruchkante um einen halben Meter weiter in das Hochplateau hineingeschoben hat.
Streng genommen handelt es sich gar nicht um einen Canyon, wie der Name nahelegt, sondern um eine Ansammlung von 14 sogenannten Amphitheatern, halbrunden Formationen, die wie an den Hang gebaute antike Theater wirken. Im Lauf der Jahrmillionen haben Regen, Eis, Schnee dieses Gewirr aus Türmen und Falten entstehen lassen, die im Sonnenlicht in Gelb-, Rot- und Brauntönen strahlen. Entlang dem 30 Kilometer langen Scenic Drive eröffnen sich von mehreren Aussichtspunkten aus immer wieder großartige Blicke, und mit Glück kann man vom südlichsten Aussichtspunkt an der Panoramastraße im Park, dem Yovimpa Point, über 160 Kilometer weit bis zum Grand Canyon sehen. Diesen Aussichtspunkt erreicht man über einen kurzen Pfad vom Parkplatz Rainbow Point. Auf fast 3300 Meter Höhe bieten sich die besten Ausblicke von dem hier umlaufenden Bristlecone Loop Trail (etwa zwei Kilometer). Stets im Blickfeld bleibt dabei die Kuppel des am südlichen Horizont gelegenen Navajo Mountain, des heiligen Bergs der Navajo-Indianer.

Lausige Gegend, um eine Kuh zu verlieren

Schon die ursprünglich hier lebenden Paiute-Indianer waren beeindruckt von dem Naturwunder und sprachen von einem Ort, »an dem rote Felsen wie Menschen in einer Schüssel stehen«. Die ersten weißen Siedler waren hingegen weniger angetan. So schrieb beispielsweise der Mormone Ebeneezer Bryce, nach dem der Park benannt ist und der hier im 19. Jahrhundert eine Ranch betrieben hatte, von einer »lausigen Gegend, wenn man darin eine Kuh verliert«. Zugegeben, Rinder im Gewirr der Schluchten und Felswände wiederzufinden, dürfte schwierig sein, doch für Wanderer oder Reiter ist der Bryce Canyon eine reizvolle Herausforderung. Wem es nicht genügt, das Naturwunder von oben zu betrachten, sollte in die verwinkelte Welt der Zinnen, Falten und Schluchten eintauchen. Dazu steht im Park eine Vielzahl von Wander- und Reitwegen zur Verfügung. Einer der leichtesten und meist frequentierten ist der etwa fünf Kilometer lange Navajo Loop Trail, der durch schattige Douglasfichten einen Höhenunterschied von 160 Meter überwindet und vom Parkplatz am Sunrise Point hinab ins Felsgewirr des Bryce Amphitheater und wieder zurück führt. Etwas anspruchsvoller sind der Fairyland Loop Trail oder ein Ritt auf dem Peekaboo Loop. Auf dem Under-the-Rim-Trail unterhalb der Straße kann man zwischen Bryce und Rainbow Point 36 Kilometer lang die grandiose Landschaft in ihrem ganzen Ausmaß in sich aufnehmen. Da entlang der Stichstraße auch Shuttle-Busse verkehren, lässt sich die Wanderung gegebenenfalls abkürzen.

Das höchste Tafelland Nordamerikas

Der Bryce Canyon, der an der Ostkante des Paunsaugunt Plateau liegt, ist Teil des größeren Aquarius Plateau, das sich über fast 2400 Quadratkilometer im Südwesten Utahs ausbreitet. Es ist mit fast 3000 Metern Höhe das höchst gelegene Tafelland Nordamerikas und die größte Erhebung auf dem Colorado Plateau. Das ist mit einer Fläche von etwa 337 000 Quadratkilometern nur rund 20 000 kleiner als Deutschland, zählt aber zu den am dünnsten besiedelten Gebieten in den USA.

Das Colorado Plateau hat die Form einer flachen Schüssel, geprägt von Canyons und Mesas (Tafelbergen). Es erstreckt sich zwischen den auch im Sommer schneebedeckten Gipfeln der Rocky Mountains im Osten, den Uinta Mountains im Norden, den Wasatch Mountains und dem sich dahinter ausbreitenden Great Basin im Westen, dem Mogollon Rim im Süden und dem Rio Grande Rift im Südosten. Einige Bergzüge der Rockies, wie die San Juan oder die La Sal Mountains, ragen in das Plateau hinein, und mehrere Flüsse, allen voran der namensgebende Colorado River, haben sich tief in die Landschaft eingegraben und so den Namen »Canyonland« mitgeprägt.

Plattenverschiebungen sorgten im Laufe der Zeit für eine Hebung des Beckens um gut 1000 Meter, einhergehend mit Brüchen, Verwerfungen und Rissen sowie Faltungen. Das Ergebnis der Naturgewalten kann man heute in den Nationalparks Zion, Bryce Canyon und Capitol Reef studieren. Die geologische Entwicklung des Plateaus lässt sich an der Grand Staircase (»Große Treppe«) studieren, denn in dieser in Stufen ansteigenden Region zwischen Bryce Canyon und Capitol Reef wurden durch Erosion Gesteinsschichten aus unterschiedlichen Erdzeitaltern freigelegt.

BRYCE CANYON CITY

Begonnen hat alles 1916. Damals baute Reuben C. »Ruby« Syrett eine Lodge und ein paar Cabins am Rand des Bryce Canyon. Rechtzeitig hatte er erkannt, dass dieses Naturdenkmal prädestiniert für Besucher ist. Als 1928 der Nationalpark gegründet wurde, konnte er die ersten Früchte ernten: Ruby's Inn wuchs langsam zu einem kleinen Versorgungsort am Parkzugang heran. Inzwischen hat die dritte Generation der Syretts die Infrastruktur ausgeweitet – u. a. durch das empfehlenswerte Bryce Canyon Grand Hotel (www.brycecanyongrand.com) – und seit 2007 existiert als idealer Standpunkt für Parkbesuche die Ortschaft Bryce Canyon City (www.brycecanyoncountry.com), in der rund 130 Einwohner leben und der Bürgermeister, Rod Syrett, ein Enkel des Gründervaters ist.

PARKINFORMATIONEN

www.nps.gov/brca, Eintritt: $ 25/Pkw

Weit weniger frequentiert als Bryce und Zion ist der Capitol Reef National Park, der zwar etwas abseits der Hauptrouten liegt, dabei aber nicht weniger eindrucksvoll ist, besonders in der Capitol Gorge (unten) oder an den Cliffs von Cathedral Valley (oben und rechts).

17 Capitol Reef National Park

Ein Riff im Hinterland

Als die ersten weißen Pioniere und Mormonen-Siedler im heutigen Bundesstaat Utah auf eine der mächtigsten und markantesten Faltenerhebungen Nordamerikas stießen, kamen sie aus dem Staunen nicht mehr heraus. Die einen glaubten, auf die Küste zulaufende Riesenwellen zu sehen, andere beschrieben sie als mächtiges Riff. Letztere setzten sich durch und so kam der Capitol Reef National Park zu seinem Namen.

Der Capitol Reef National Park liegt zwar mitten im Bundesstaat Utah, allerdings nicht wie Zion oder Bryce an einer der Hauptverkehrsrouten. 1934 war das Areal zunächst als National Monument unter Schutz gestellt worden, 1971 folgte die Ernennung zum Nationalpark. Jährlich über 600 000 Besucher finden dennoch den Weg hierher und sind letztlich von der Landschaft mindestens ebenso angetan wie von den leichter zugänglichen, aber eben auch stärker frequentierten beiden Nachbarparks. Mit 980 Quadratkilometern Fläche ist Capitol Reef der zweitgrößte Nationalpark in Utah nach Canyonlands. Er erstreckt sich entlang der rund 160 Kilometer langen sogenannten Waterpocket Fold, einer Erdfalte, die entstand, als vor rund 65 Millionen Jahren die Oberfläche entlang einer nordsüdlich verlaufenden Verwerfungslinie um fast zwei Kilometer auf einer Seite angehoben wurde.

Wind, Wasser und extreme Temperaturschwankungen haben im Laufe von Jahrmillionen die Falte zu wuchtigen Kuppeln, rot gefärbten Steilklippen, bizarren Felszähnen und einem Labyrinth aus verschlungenen Canyons geformt. Weiche und harte Steinschichten wechseln sich ab, wobei Wasser im weichen Sandstein Sammelbecken ausgewaschen hat, die heute als Wasserreservoirs in der Hochwüste dienen und für den Namen *Waterpocket* sorgten. Mitten durch den Park führt der Highway 24, dem wildromantischen Tal des Fremont River folgend. Hier lebten einst die prähistorischen Indianer der Fremont-Kultur. Sie waren eng verwandt mit den benachbarten Anasazi-Indianern, lebten jedoch weiter in Erdhütten statt wie die Anasazi in Felswohnungen und versorgten sich als Jäger und Sammler. An einem *Petroglyphs* genannten Stopp blickt man heute hoch oben im Fels auf einen bemerkenswerten

Nachlass der Indianer: Felszeichnungen und -ritzungen, die unter anderem schematisierte Menschengestalten mit dreieckigem Oberkörper, Ohr- und Kopfschmuck zeigen.

Oase mitten in der Wüste

Von der historischen Siedlung Fruita, die sich einmal hier befand, sind Bauten wie die Historic Gifford Homestead, das Schulhaus oder eine Schmiede, dazu ausgedehnte Streuobstwiesen erhalten. Über die Mormonen-Siedler, die im fruchtbaren Tal Obst und Gemüse kultivierten und in den 1930er-Jahren ins nahe Torrey umzogen, informiert das Besucherzentrum am Parkzugang ebenso wie über die Indianer. Es gibt aber nicht nur eine Ausstellung und einen Laden (mit Obstprodukten), sondern Wanderfreunde können hier auch Informationen über längere Wanderungen in den kaum erschlossenen Südteil des Parks (Zelten mit Erlaubnis) einholen. Von einem alten Ranchpfad namens Burr Trail Road, der den Südteil des Parks durchzieht, zweigen Pfade ab, die zu Aussichtspunkten wie Halls Creek oder in den Muley Twist Canyon führen. An der gratis befahrbaren Durchgangsstraße, dem Highway 24, befinden sich bereits einige interessante Stopps wie Petroglyphs oder ein Trailhead zur Hickman Bridge, einem beeindruckenden Felsbogen. Noch lohnender ist jedoch die Scenic Road, eine gebührenpflichtige Stichstraße, die vom Visitor Center ausgehend rund 20 Kilometer weit bis zur Capitol Gorge in das Naturschutzgebiet hineinführt. Am Ende dieser Straße, deren letzter Kilometer eine Schotterpiste bildet, kann man rund drei Kilometer auf einer alten, früher mit Kutschen und Autos befahrenen Siedlerroute bis zu einigen Waterpockets wandern. Auf diesem Weg präsentiert sich der Nationalpark besonders imposant und zudem menschenleerer als viele andere große Parks. Eine noch dramatischere Wanderroute beginnt auf halbem Weg am Scenic Drive und führt durch die Grand Wash Narrows, einen Canyon mit 115 Meter hoch aufragenden Wänden und von nur sechs Metern Breite.

TOR ZUM CAPITOL REEF NATIONAL PARK

Das 170-Seelen-Dorf Torrey lebt heute vor allem von seiner Lage am Rand des Capitol Reef National Park. Hier beginnt zudem der malerische Highway 12, der durch das Grand Staircase-Escalante National Monument die Verbindung zu den südlich gelegenen Nationalparks Bryce Canyon und Zion herstellt. Ein besonders lohnender Stopp an der Route ist der Kodachrome State Park. Eine empfehlenswerte Unterkunft in Torrey sind die Cowboy Homestead Cabins (www.cowboyhomesteadcabins.com), vier luxuriös ausgestattete Holzhäuser auf der Ranch von Don und Shirley Torgerson mit Rindern, Pferden und Rodeo-Arena. Lokale, für die viele weit fahren, sind das Rim Rock Café und vor allem das Café Diablo, in dem kreative Südwestküche serviert wird.

PARKINFORMATIONEN

www.nps.gov/care, Eintritt: $ 5/Pkw für den Scenic Drive; zum regionalen Angebot: www.capitolreef.travel

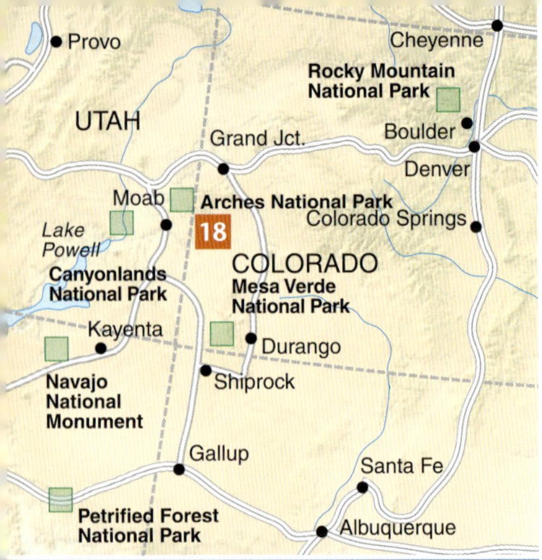

Den »schönsten Platz auf Erden« nannte Edward Abbey das Land der Canyons und Wüsten auf dem Colorado Plateau. Den Delicate Arch (rechts) im Arches National Park kennt fast jeder von Kalenderbildern.

18 Arches National Park

Fantastische Welt der Felsbögen

»Gleich vorweg: Du sieht nichts vom Auto aus. Du musst raus aus dieser verdammten Kiste und zu Fuß gehen, besser noch, auf Händen und Knien kriechen, über den Sandstein, durch die Dornenbüsche und Kakteen ... dann siehst du vielleicht etwas.« Schon im Vorwort unterweist Edward Abbey den Leser seines Buchs *Desert Solitaire* wie er das Land der Canyons, Mesas und Felsbögen im Osten Utahs am besten erkundet.

Mit *Desert Solitaire* schuf Edward Abbey (1927–1989) eine fesselnd zu lesende Liebeserklärung an das wilde Land um die Ortschaft Moab im Osten des US-Bundesstaats Utah. »Dies ist der schönste Platz auf Erden«, beginnt er die Schilderung seiner Erlebnisse und Erfahrungen als Park Ranger im heutigen Arches National Park in den Zeiten vor dem Massentourismus. Im damaligen Arches National Monument – erst 1971 wurde das Areal zum Nationalpark erklärt – verdiente Abbey in den späten 1950er-Jahren sein Geld als Park Ranger. Schon damals registrierte er mit Staunen und Wut die voranschreitende Vereinnahmung der Wüstenlandschaft durch den Fremdenverkehr. Berühmt-berüchtigt geworden als *Desert Anarchist* wetterte Abbey gegen die zerstörerischen Kräfte der Menschheit und vertrat die Ansicht, dass ein Naturschutzgebiet infrastrukturell unberührt bleiben müsse. Als man in den frühen 1960er-Jahren begann, den Arches National Park durch eine Teerstraße zu erschließen, quittierte Abbey seinen Dienst als Park Ranger und kehrte seiner geliebten Wüstenlandschaft den Rücken.

Versucht man heute Abbeys Beschreibungen nachzuvollziehen, merkt man schnell, wie recht dieser Ranger hatte und wie sehr sich die Welt der Canyons und Wüsten auf dem Colorado Plateau durch menschliche Eingriffe verändert hat. Was andererseits aber nicht heißt, dass es nicht eine atemberaubende Landschaft geblieben wäre, allerdings eine reichlich bevölkerte: Auf dem 310 Quadratkilometer großen Nationalparkareal drängen sich Jahr für Jahr fast 900 000 Besucher!

Mit Abbeys Buch in der Tasche sieht man die atemberaubenden Felsformationen des Arches National Park in anderem Licht. Lediglich in der Ortschaft Moab dürfte es schwerfallen, seiner Beschreibung zu folgen. Zu sehr hat sich

Der Arches National Park ist der bekannteste und meistbesuchte Nationalpark des Canyonlands im Süden Utahs. Seine Bögen (oben) und Hoodoos (unten) bieten immer wieder faszinierende An- und Ausblicke. Rechte Seite oben: Tower of Babel.

der ansonsten adrette Ort mit all seinen Hotels, Läden, Outdoorshops, Tourveranstaltern und Restaurants heute dem Tourismus verschrieben. Moab fungiert als touristischer Verteilerpunkt, und von hier aus wälzen sich Tag für Tag die Blechlawinen Richtung Arches National Park.

Geformt von Wind und Wetter

Hoch über dem Colorado River gelegen, bildet der Arches Park nur einen Teil des weitläufigen Canyonlands hier in Süd-Utah. Wir befinden uns in der Nordostecke des sogenannten Paradox Basin, das vor rund 350 bis 300 Millionen Jahren entstanden ist und ursprünglich mit Wasser gefüllt war. Nach Austrocknen des Sees blieben große Salzbänke zurück. Unmengen von Erosionsgestein wurden vom nahe gelegenen La-Sal-Gebirge im Laufe der Zeit auf der Salzschicht im Becken abgelagert und bewirkten ihre Verformung. Aufwölbung und die Entstehung eines kilometerlangen Bergrückens mit dem Entrada Sandstone als oberster Schicht folgten.
Wind, Wetter und extreme Temperaturunterschiede erodierten diesen rötlichen Sandstein und formten daraus kuriose Felsgebilde, vor allem aber die viel bewunderten spektakulären Bögen. Diese kamen zustande, wenn sich ein Teil des Felses löste und eine Wand frei stehen blieb. An ihr tobten sich dann die Naturkräfte aus und weitere Partien brachen heraus. Es entstanden Löcher in der Felswand, von unterschiedlicher Größe, vom fingerdicken Loch bis zu hundert Meter messenden Öffnungen, die nur zentimeterdünne Felsbrücken übrig ließen.

Eintauchen in die Welt der Felsbögen

Kaum fünf Kilometer nördlich von Moab liegt der Zugang zum Arches National Park, dessen Aushängeschild zugleich namensgebend war. Um die 2000 Felsbögen sollen hier vereint sein. Über sie und ihre Entstehung informiert das *Visitor Center* am Parkeingang, ehe es auf einer Stichstraße in den Park hineingeht. Von großen und im Sommer gut gefüllten Parkplätzen führen Fußwege zu verschiedenen Felsbögen, -türmen und -brücken. Wer es eilig hat, sollte sich zumindest einige der Highlights direkt an der Straße – wie Windows, Fiery Furnace oder Skyline Arch – ansehen; wer Zeit hat, sollte einige Wanderungen in weniger bekannte Abschnitte des Parks unternehmen.
Nach dem Besucherzentrum schlängelt sich die Straße in langen Serpentinen hinauf auf ein Plateau. Hier öffnet sich der erste Blick auf die fantastische Welt der Felsbögen. Vorbei an den Courthouse Towers – mächtige Felsen, die sich aus der Wand herausgelöst zu haben scheinen – erreicht man die erste Hauptattraktion, den Balanced Rock. Dieser fast 40 Meter hohe Fels ist bekrönt von einem Block, der nahezu frei schwebt und jeden Augenblick umzukippen droht. Von hier führt eine Stichstraße zur Windows Section mit einer Reihe unterschiedlicher Felsbögen wie Double Arch, Cove Arch, North und South Window sowie der Parade of Elephants, einer Felsformation, die an zum Appell angetretene Elefanten erinnert.
Höhepunkt des Besuchs ist die Wanderung zum Delicate Arch, der nicht nur traumhaft über dem Plateau liegt, son-

dern zugleich als der vollkommenste Felsbogen im Park gilt. Eine Stichstraße führt von der Hauptroute zur aufgelassenen Wolfe Ranch, von dort gibt es einen Wanderweg über knapp zwei Kilometer (einfach) zu dem Bogen, den fast jeder von Kalenderbildern kennt. Selbst bei gut 30 Grad Celsius im Schatten reißen die Menschenschlangen nicht ab, dabei hat der Weg, was Steigungen und Untergrund betrifft, so seine Tücken. Es geht über *Slickrock*, glatte Felsen, und auf schmalen, unbefestigten Wegen etwa 150 Höhenmeter hinauf. In Sandalen und ohne Wasser ebenso wie für Leute mit Höhenangst nicht unbedingt empfehlenswert! Das Faszinierende an der Wanderung ist, dass der Delicate Arch plötzlich am Rande einer Senke auftaucht und der Wanderer ganz unvermittelt vor einem perfekt geformten Tor steht, hinter dem sich in der Ferne die schneebedeckte Bergkette der La-Sal Mountains vor tiefblauem Himmel aufbaut und ein perfektes Fotomotiv ergibt. Weiter nordwärts, an der Hauptroute, liegt Fiery Furnace, ein Gebilde aus spitzen Finnen, die, wenn die Sonne im Westen versinkt, Feuer zu fangen scheinen. Am Ende der Straße, im Nordteil des Parks, führt ein etwa zehn Kilometer langer Wanderrundweg zum Devils Garden. Dort belohnt eine ganze Ansammlung von Bögen – darunter der Land-scape Arch, mit 94 Metern Spannweite der größte frei schwebende, natürliche Felsbogen der Welt – für die Anstrengung. Noch tiefer im Gewirr des Devils Garden versteckt liegen der Double O Arch mit seinen beiden torförmigen Öffnungen und Dark Angel, ein mächtiger Felsenturm.

MOAB, ZUGANGSTOR IN DIE WELT DER BÖGEN

Moab war noch vor gut einem halben Jahrhundert ein abgelegenes, verschlafenes Dorf, das einen kurzen Boom während des Uranabbaus in den 1950er- und 1960er-Jahren erlebt hatte. Später entwickelte sich der Ort zur touristischen Destination, zum perfekten Ausgangspunkt für Besuche der Arches und Canyonlands-Nationalparks. Hotels, Lokale wie das Branding Iron Restaurant (2971 US Hwy. 191), in dem es exzellente Steaks gibt, und viele kleine Läden, Outfitters und Outdoorläden stehen zur Verfügung, außerdem eine breite Palette an Sportmöglichkeiten wie Climbing (besonders an den roten Felswänden im Tal des Colorado Rivers), Hiking, Mountainbiking oder Hang Gliding, aber auch geräuschvollere Aktivitäten wie ATV- oder 4-Wheeler-Fahrten. Whitewater-Rafting-Touren verschiedener Schwierigkeitsgrade und Längen offeriert Kajayaking Navtec Expeditions (www.navtec.com).
Infos zum Angebot in und um Moab:
www.discovermoab.com

PARKINFORMATIONEN

www.nps.gov/arch, Eintritt: $ 10/Pkw

Erst 1964 wurde der Canyonlands National Park als Schutzgebiet ausgewiesen. Besonders schön ist der Blick vom Grand View Point Overlook (rechts), aber auch sonst ist viel geboten. Oben: Der Horseshoe Canyon, in dem man auch kunstvolle Felsenmalereien bewundern kann.

19 Canyonlands National Park

Wildnis aus Stein und Schluchten

»Wohin wir auch blicken: nur eine Wildnis aus Stein und tiefe Schluchten, in denen sich die Flüsse unter steilen Wänden und Felsvorsprüngen verlieren; dazu in jeder Himmelsrichtung Zehntausende von merkwürdigen Gesteinsformationen und Berge am Horizont, die in Wolken übergehen.« So begeistert schilderte einst John Wesley Powell die Landschaft des heutigen Canyonlands National Park.

Wer dachte, der Arches National Park sei an landschaftlicher Schönheit nicht mehr zu übertreffen, wird beim Besuch des benachbarten Canyonlands National Park erneut überrascht – wie einst schon John Wesley Powell (1834 bis 1902), der außer dem Grand Canyon auch die Region um diesen Nationalpark 1869 und 1871 erkundete. Sicherlich haben seine euphorischen Berichte das Interesse an den heute als Arches und Canyonlands National Parks unter Schutz stehenden Gebieten geweckt. Nichtsdestotrotz sollte es bis 1964 dauern, ehe der Canyonlands National Park eingerichtet wurde, was jedoch vor allem an dessen Abgeschiedenheit gelegen haben mag. Zuvor hatten Viehzüchter die zwischen Mesas, Needles und Canyons versteckten Wiesen als Weideflächen für ihr Vieh genutzt. Reste alter Cowboy-Camps findet man noch heute, ebenso Spuren der prähistorischen Pueblo-Indianer – kleine Felssiedlungen, Getreidespeicher und Felszeichnungen.

Am Rande des Abgrunds

Wer die Landschaft der Canyons noch ursprünglich und weitgehend menschenleer erleben möchte, sollte sich frühmorgens direkt auf den Weg zum südlichen Zipfel des Canyonlands National Park, zur Island in the Sky, machen. Vom dortigen Grand View Point Overlook, dem spektakulärsten Aussichtspunkt auf der Hochebene, scheint der Blick grenzenlos, der Horizont unendlich: Im Osten schimmern die La Sal Mountains in der Morgensonne, im Westen und Süden erstreckt sich ein Meer von Canyons und Mesas. Blickt man genauer hin, erkennt man die von Green und Colorado River tief eingeschnittenen Täler, die sich an einem entfernten Punkt im Süden vereinen.
Der Grand View Point Overlook bietet schwindelfreien Besuchern ein weiteres einmaliges Erlebnis: Direkt an der Kante der »Himmelsinsel« entlang führt der drei Kilometer lange Grand View Point Trail, ein unbefestigter Weg. Fast 400 Meter unterhalb verläuft eine Sandab-

Das Land der Canyons und der Mesas hat eine Vielzahl an Wander- und Bike-Trails zu bieten. Allerdings liegen die drei Parkabschnitte weit auseinander und längere Touren bedürfen der Vorausplanung. Ganz oben: Der Aztec Butte Trail. Rechts: Island in the Sky, die Hochebene zwischen Colorado und Green River.

bruchkante, White Rim genannt, und noch einmal 300 Meter tiefer liegen die Flusstäler. Der Blick schweift über 150 Kilometer weit hinaus auf das Becken und die verschiedenen Felsformationen. Am Fuß der Abbruchkante des Plateaus verläuft der White Rim Trail, eine 160 Kilometer lange Route, die man mit Jeeps (Touren ab Moab) befahren kann, die aber in Teilabschnitten auch bei Mountainbikern und Wanderern beliebt ist.

Vom Grand View Point Overlook kommend, gabelt sich die Stichstraße am Mesa Arch. Er belegt, dass der Arches National Park nicht der einzige Park ist, der über spektakuläre, von Wasser und Wind geformte Sandsteinbögen verfügt. Nicht nur seine Lage direkt am Abgrund, sondern auch das sich bietende Panorama besonders bei Sonnenaufgang ist atemberaubend.

Nach Nordwesten zweigt die Straße zum Upheaval Dome ab, nach neuester Forschung ein Krater, der durch Meteoriteneinschlag entstanden ist. Näher heran bzw. herum führen verschiedene Trails. Vorher lohnt sich jedoch der Ausblick vom Green River Overlook auf das tief eingeschnittene Flusstal und den sich dahinter ausbreitenden Maze District und die Henry Mountains. Wandertrails unterschiedlicher Länge zweigen überall von der Parkstraße ab, schön ist etwa der Neck Spring Trail, ein rund zehn Kilometer langer Rundweg zu einer Quelle, der kurz vor dem Besucherzentrum beginnt.

Nicht weit von der Island in the Sky bzw. dem Visitor Center gleich hinter dem Parkzugang an der Nordostenecke entfernt, liegt ebenfalls am Highway 313 der Dead Horse Point State Park, der großartige Aussicht auf den Colorado River bietet. Vom höchsten Punkt, dem Dead Horse Point Overlook, blickt man vom Plateau hinunter auf die braunen Fluten des Colorado, der sich hier in mehreren Schleifen in den Fels hineingegraben hat.

Unendliches Land der Canyons und Mesas

Die Erkundung des 800 Quadratkilometer großen Parks erfordert etwas Vorausplanung, da die drei Abschnitte weit auseinanderliegen und die Zufahrt über zwei nicht miteinander verbundene Stichstraßen, eine im Norden, eine im Osten, erfolgt. Von der Island in the Sky – dem zentralen Versorgungsort Moab am nächsten gelegen und von dort leicht zugänglich – war bereits die Rede. Das dreieckige, etwa 600 Meter hohe Plateau entstand durch die Erosionskraft

von Green und Colorado River, die sich mit Nebenflüssen tief in die Landschaft eingeschnitten haben.
Der zweite Teil, der sogenannte Needles District, liegt am Ostufer des Colorado River. The Needles wird von rot-gelblich gebänderten Zinnen und tiefen Tälern geprägt. Die »Nadeln« ragen über 120 Meter hoch und bestehen aus Sandstein, der durch Erosion zu rötlichen und ockerfarbenen Spitzen geformt wurde. Die Anfahrt zum und der Besuch des Needles District erfordert Zeit, mindestens einen Tag. Von Moab aus geht es zunächst auf dem Highway 191 südwärts, bis vor dem Ort Monticello der Highway 211 in den Needles District abzweigt. Unbedingt lohnend ist der Confluence Overlook, der über dem Zusammenfluss von Green und Colorado River liegt. Man erreicht diesen Punkt allerdings nur über einen 16 Kilometer langen Rundwanderweg, der am Big Spring Canyon Overlook startet. Der Maze District als abgelegenster Teil breitet sich im Westen des Green River aus. Hier beherrscht ein Gewirr von Canyons und Mesas die Landschaft, in der man auch wegen der Größe schnell die Orientierung verlieren kann. Das Land fällt in großen Stufen ab, und Ebenen enden abrupt an Felswänden oder Steilabstürzen. Obwohl dieser Abschnitt in Sichtweite der Island of the Sky liegt, muss man einen 400 Kilometer langen Umweg – die Zufahrt erreicht man nur von der abgelegenen Ortschaft Hanksville im Westen aus – in Kauf nehmen. Hinzu kommt, dass es in diesem Parkabschnitt nur Schotterpisten gibt und die Wanderwege eher anspruchsvoll und zeitaufwendig sind. Möchte man diese Landschaft wirklich erleben, sollte man Zeit mitbringen, um zu Fuß oder zu Pferd, per Mountainbike oder im Jeep in Schluchten und Mesas einzutauchen.

RED CLIFFS ADVENTURE LODGE

Man glaubt fast, das Pulver noch riechen zu können und wartet nur darauf, dass John Wayne mit seiner Kavallerie aus dem Canyon herausgaloppiert. Lediglich die Cabins, Teil der Red Cliffs Lodge am Ufer des Colorado River, stören die Kulisse der von der untergehenden Sonne rot gefärbten Felswände. Hier betreibt Colin Fryer, der einst als Zureiter der Pferde für Hollywood-Filmcrews arbeitete, eine Hotelanlage mit Zimmern im Hauptgebäude, zu dem auch ein Restaurant gehört, sowie schönen Cabins unterschiedlicher Größe direkt am Fluss. Dazu gehören Pferdeställe (die Ausritte anbieten) und, etwas ungewöhnlich angesichts der Landschaft, ein Weingut. Ein kleines Western-Museum im Untergeschoss der Lodge erinnert an die hier gedrehten Western.

Red Cliffs Lodge, Mile 14, Scenic Hwy. 128, Moab/UT, www.redcliffslodge.com, Tel. 001-435-259-2002

PARKINFORMATIONEN

www.nps.gov/cany, $ 10 pro Auto

Der Mesa Arch im Canyonlands National Park steht den Bögen im Arches National Park an Schönheit nichts nach. Er liegt im relativ gut erschlossenen Parkteil »Island in the Sky«.

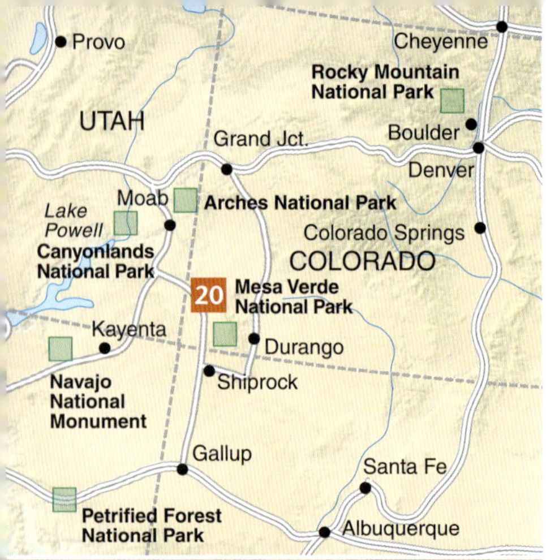

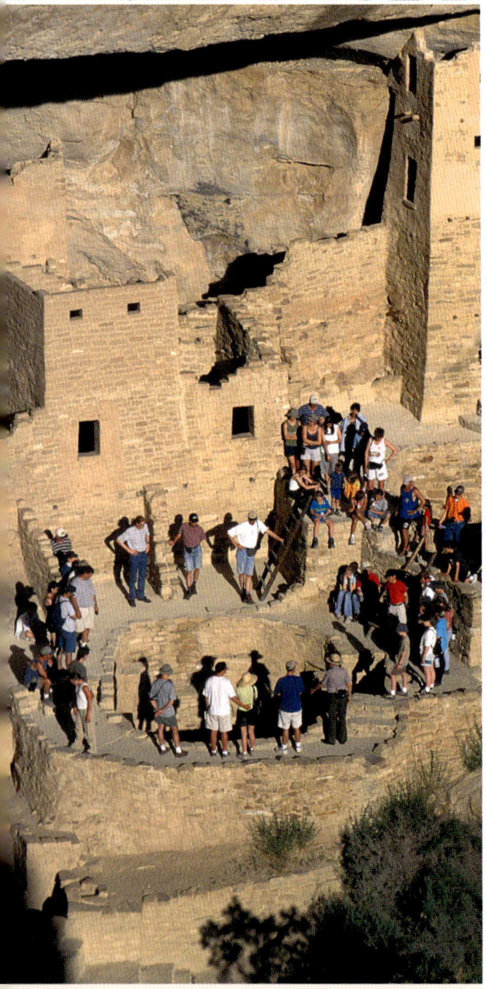

Felsbehausungen prähistorischer Anasazi-Indianer prägen das Areal um Mesa Verde. Sie geben Einblicke in eine spurlos verschwundene hoch entwickelte Kultur und ihre Lebensweise.

20 Mesa Verde National Park

Spuren einer indianischen Hochkultur

Als am 29. Juni 1906 US-Präsident Theodore »Teddy« Roosevelt den Mesa Verde National Park eröffnete, betonte der Staatschef, dass es hier – anders als bei früher ausgewiesenen Nationalparks – darum gehe, das beachtliche Vermächtnis von Menschen zu schützen, die vor Jahrhunderten im Dunkel der Geschichte spurlos verschwunden sind. Bis heute gibt es dafür übrigens keine Erklärung.

Bei den Hinterlassenschaften handelt es sich um die Felsbehausungen eines prähistorischen Indianerstammes der Anasazi-Kultur. Bereits im 6. Jahrhundert hatten sie sich hier auf dem Plateau von Mesa Verde, in der Südwestecke Colorados, niedergelassen; doch erst um 1200 waren ihre bis heute viel bewunderten mehrstöckigen Wohnbauten aus Lehm entstanden. Diese *Cliff Dwellings* wurden in Sandsteincanyons angelegt, die den dicht bewaldeten und zerklüfteten Tafelberg Mesa Verde durchschneiden. Warum diese Siedlungen dann um 1300 überraschend aufgegeben wurden, ist bis heute umstritten: War der Anlass eine Bevölkerungsexplosion? Oder Fehden zwischen einzelnen Dörfern? Oder eine einschneidende Klimaveränderung, die Missernten zur Folge hatte?

Prähistorische Völker im Südwesten

Mit fast 600 000 Besuchern im Jahr gehören die Ruinen der Felssiedlungen von Mesa Verde zu den meistbesuchten Attraktionen im Südwesten. Von der Zufahrt am Highway 160, östlich der Ortschaft Cortez im Südwesten des US-Bundesstaats Colorado, führt die Straße über 20 Kilometer weit hinein in die Canyon- und Mesalandschaft, ehe man das Besucherzentrum erreicht. Bis zu den Felssiedlungen sind es dann auf der Stichstraße weitere zehn Kilometer Richtung Süden. Die bedeutendste Ruine der Anasazi-Kultur ist der Cliff Palace, mit rund 150 Wohnungen und 23 Kivas – das sind runde Zeremonienräume – die größte Felssiedlung der Region. Ebenfalls sehenswert sind das Balcony House, dessen Besichtigung mit dem Erklimmen hoher Leitern sowie einigem Kriechen und Krabbeln verbunden ist, sowie das Spruce Tree House, ein Komplex aus 114 Einheiten unter einem massiven Felsüberhang.
Die Felswohnungen sind nicht die einzigen historischen Relikte auf Mesa Verde, dem »grünen Tafelberg«. An die 4000 Fundstellen stehen im Nationalpark

Um 700 n. Chr. hatten sich im Südwesten verschiedene Indianerkulturen herausgebildet, die im 12. Jh. aus bislang unbekannten Gründen spurlos verschwanden. Ihre Behausungen lassen sich im Mesa Verde National Park bestaunen.

unter Schutz, und archäologische Ausgrabungen finden bis heute statt. Pfeil- und Speerspitzen, die zusammen mit den Skeletten inzwischen ausgestorbener Tiere entdeckt wurden, weisen darauf hin, dass die erste nennenswerte Besiedelung des Südwestens vor 10 000 bis 12 000 Jahren stattfand.

Dagegen datieren die ältesten Behausungen in Mesa Verde erst aus dem 6. Jahrhundert. Zuvor hatte sich ein entscheidender Kulturwandel vollzogen: Nach Jahrtausenden des Jagens und Sammelns war man jetzt sesshaft geworden. Diese Periode wird als *Desert Archaic* bezeichnet. Zu den wichtigsten Neuerungen zählten die Kenntnis der Technik des Feueranzündens und die Nutzung des Mahlsteins. Pflanzliche Nahrung, und damit der Landbau, spielte eine wachsende Rolle, und man begann, Grubenhäuser (*pithouses*) zu bauen und diese zumindest während einens Teils des Jahres permanent zu bewohnen. Daraus entwickelte sich um die Zeitenwende die »Pithouse-Pueblo-Periode«, die mit der Ankunft der Europäer, Mitte des 16. Jahrhunderts, endete.

Um 700 n. Chr. hatten sich verschiedene Volksgruppen im Südwesten herausgebildet: Im Grenzgebiet der heutigen Bundesstaaten Utah, Colorado, Arizona und New Mexico siedelten die Anasazi, eine kunstsinnige und friedliebende Gemeinschaft von Ackerbauern. Ihre Siedlungen an steilen Berghängen oder in Canyons waren solide konstruiert und haben daher die Zeiten überdauert. Nördwestlich davon, im zentralen Utah, lebten die verwandten Fremont-Indianer, die man als »konservative Anasazi« bezeichnen könnte, nicht nur weil sie weiter in einfachen Pithouses siedelten. Im Süden, in den Tälern von Gila und Salt River nahe dem modernen Phoenix, waren die Hohokam ansässig – zur Zeit ihrer kulturellen Blüte bekannt als geschickte Konstrukteure von Bewässerungskanälen. Die östlichen Nachbarn der Hohokam, im fruchtbaren Gebirgsland des heutigen New Mexico zu Hause, waren die Mogollon.

Auch wenn die Völker geografisch weit voneinander entfernt lebten, wiesen sie dennoch Gemeinsamkeiten auf. Alle lebten vom Ackerbau, kultivierten Mais, Bohnen, Melonen und Kürbis. In den frühen Entwicklungsphasen wohnten sie in Grubenhäusern oder Höhlen. Später entstanden überwiegend mehrstöckige Lehmgebäude, deren einzelne Wohnungen mehreren Familien Platz boten und die die Spanier später *Pueblos* nannten. Seit 3000 Jahren verarbeitete man bereits Baumwolle, und um 700 n. Chr. waren die Keramikherstellung sowie Pfeil und Bogen allgemein bekannt. Die Übereinstimmungen waren nicht zufällig, vielmehr gab es einen Austausch zwischen den Kulturen des Südwestens untereinander sowie mit jenen Nordmexikos. Neue Ideen und Errungenschaften fanden schnell Verbreitung, und Mitte des 11. Jahrhunderts war im Südwesten ein Goldenes Zeitalter angebrochen.

Rätselhaftes Verschwinden

Für den plötzlichen Niedergang und das Verschwinden der prähistorischen Indianervölker gibt es eine Reihe mehr oder weniger plausibler Erklärungen. So fand man heraus, dass sich in der Mitte des 12. Jahrhunderts die klimatischen Bedin-

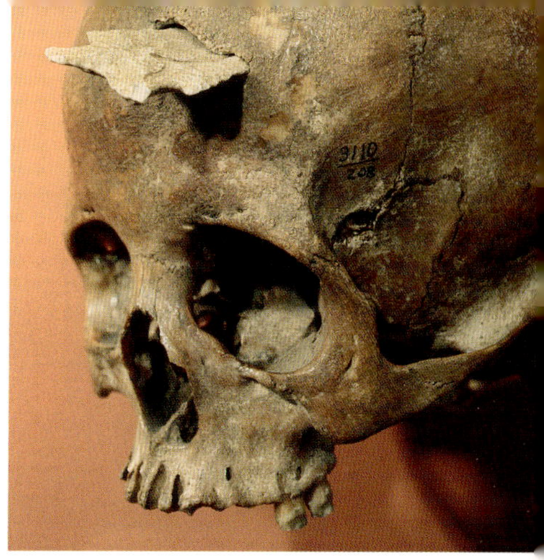

gungen verändert hatten und eine lange Dürreperiode eingesetzt hatte. In wasserreichen Gegenden waren die Auswirkungen minimal, dort aber, wo die Landwirtschaft auf Regenfälle angewiesen war, wurde das Überleben schwierig. Vielleicht wurden viele Siedlungen aus diesem Grund aufgegeben und ihre Bewohner zogen in Orte, die näher an natürlichen Wasserquellen lagen.
Außerdem bedrohten zugewanderte kriegerische Völker die alten Siedlungen mit Überfällen und Plünderungen. Viele Menschen verließen möglicherweise deshalb ihre Siedlungen auf den Mesas und in den fruchtbaren Tälern und suchten in einsam gelegenen Höhlen und Schluchten Zuflucht; die Felssiedlungen entstanden. In der zweiten Hälfte des 13. Jahrhunderts erreichte die Trockenperiode dann anscheinend einen Höhepunkt. Selbst sonst zuverlässige Wasserquellen versiegten. Obwohl keinerlei Überlieferung existiert, liegt die Vermutung nahe, dass es darüber hinaus zu Unruhen innerhalb der Gemeinden und Gruppen gekommen war, Migrationsprozesse setzten ein. Als zu Beginn des 14. Jahrhunderts die Dürreperiode endete, waren die meisten Siedlungen aufgegeben worden.
Bis heute ist rätselhaft, wohin genau die Flüchtlinge wanderten. Viele werden ostwärts zum Rio Grande River gezogen sein, um sich im heutigen New Mexico in bestehende Pueblos einzugliedern oder eigene zu gründen. Einige Gruppen siedelten vermutlich südwärts Richtung Mexiko oder westwärts nach Kalifornien um. Andere hingegen blieben in ihrer Heimat und passten sich den neuen Gegebenheiten an, indem sie wieder als Jäger und Sammler umherzogen oder kleinere Siedlungen bildeten. O'odham und Hopi-Indianer sehen in dieser Gruppe ihre Vorfahren.

AUF DEN SPUREN DER PRÄHISTORISCHEN INDIANER

Das Crow Canyon Archaeological Center liegt nahe der Ortschaft Cortez im Bundesstaat Colorado, dem Tor zum Mesa Verde Natioanl Park. Das Zentrum widmet sich der Erforschung der Anasazi-Kultur und informiert über die prähistorischen Puebloindianer. Dazu stehen verschiedene Veranstaltungen auf dem Programm, auch Exkursionen und die Möglichkeit, an Ausgrabungen teilzunehmen. Das Zentrum arbeitet eng mit den heute hier lebenden Pueblo-Indianern zusammen, die mit ihrem Wissen und ihren Traditionen die wissenschaftlichen Ergebnisse sinnvoll ergänzen.
Crow Canyon Archaeological Center, 23390 Road K, Cortez/CO, www.crowcanyon.org

PARKINFORMATIONEN

www.nps.gov/meve, Eintritt: $ 15/Pkw, im Winter $ 10

Der Park bei Tucson, Arizona, wurde nach der Symbolpflanze, die hier wächst, benannt. Saguaros oder Säulenkakteen können bis zu 20 m hoch und bis zu 85 Jahre alt werden.

21 Saguaro National Park

Ein Kakteenwald der besonderen Art

Sie gelten als die Überlebenskünstler der Wüste und sind hart im Nehmen: Kakteen. Eine wegen ihrer Seitenarme besonders imposante Art sind die bis zu zwanzig Meter hohen Säulenkakteen (*Carnegiea gigantea*), besser bekannt unter dem Namen »Saguaro«. Sie werden im Schnitt um die 85 Jahre alt und wiegen bis zu acht Tonnen. In der Sonora-Wüste im Süden Arizonas bilden sie ganze Wälder.

Um die Saguaros zu erhalten, wurde schon im Jahr 1933 ein Schutzgebiet im Umfeld der Stadt Tucson im Süden des Bundesstaats Arizona eingerichtet. Daraus entwickelte sich 1994 der Saguaro National Park, der heute rund 350 Quadratkilometer umfasst und aus zwei unterschiedlichen Teilen besteht: Im kleineren etwa 800 Meter hoch gelegenen West Unit, westlich Tucson, dominieren Wälder von Saguaros und anderen Kakteen. Der östliche Abschnitt des Parks dagegen erhebt sich hoch über die Ebene und erreicht am Mica Mountain, etwa 40 Kilometer östlich Tucsons, über 2600 Meter. Auch hier überwiegt die Wüstenvegetation. Auch wenn Saguaros, hierzulande Kandelaber- oder Säulenkakteen genannt, die Vegetation dominieren, weist das in der Sonora-Wüste gelegene Areal eine enorme Vielfalt an Pflanzen und Tieren auf. Letztere sind Meister der Anpassung, was nötig ist, um der Hitze und Trockenheit zu trotzen. Sechs Klapperschlangenarten leben hier – neben der bekannten Western Diamondback Rattlesnake auch Tiger, Northern Black-tailed, Mojave, Sidewinder und Arizona Black Rattlesnakes. Kojoten, Echsen, Spinnen, an die 200 Vogelarten, darunter der legendäre Roadrunner, Rehe, Skorpione und die schweineähnlichen Halsbandpekaris sind hier zu Hause. Zugegeben, in der Sonora-Wüste gibt es giftige Lebewesen, doch sie sind weniger gefährlich als gemeinhin angenommen. In der Regel setzen die Tiere ihr Gift nur auf der Jagd, zur Verdauung der Beute oder zur Verteidigung ein. Der Biss einer Klapperschlange ist für Erwachsene im Allgemeinen nicht tödlich, lediglich äußerst schmerzhaft. Auch die hochgiftigen Gila-Krustenechsen, die selten und dazu sehr behäbig sind, beißen nur in höchster Gefahr. Neben Klapper-, Korallen- und anderen Giftschlangen sollte man auch Respekt vor Skorpionen, Schwarzen Witwen, Taranteln und anderen Spinnenarten, Käfern, Ameisen und Wespen haben und besser Abstand halten.

In der Wüste bedarf es besonderer Anpassungsfähigkeit, um überleben zu können. Bei Tieren wie Pflanzen stellen die klimatischen Gegebenheiten besondere Anforderungen. Oben: Geier haben hier ihren Lebensraum. Unten: Blühender Saguaro.

Über Flora und Fauna, Geschichte und Sehenswertes, über Autorouten und Wanderwege durch die Kakteenlandschaft informieren in beiden Parkarealen Besucherzentren. Im westlichen Teil, dem sogenannten Tucson Mountain District, befindet sich das Red Hills Visitor Center, und von dort bietet sich die Fahrt über Hohokam und Golden Gate Road durch den Park an. Von Trailheads an den Parkplätzen führen immer wieder kurze Wanderwege tiefer in die Wüste hinein. Den Besuch im östlichen Teil, dem Rincon Mountain District, beginnt man am günstigsten im Visitor Center am Old Spanish Trail. Von hier führt der Cactus Forest Drive als interessante circa zwölf Kilometer lange Rundroute durch den Park.

Stachelige Überlebenskünstler

Kaktus ist nicht gleich Kaktus. Alle gehören zur Familie der Succulenten mit Stamm und alle haben statt Blättern Stacheln. Es gibt über 120 Gattungen und etwa 1900 Arten in drei Hauptfamilien – *Pereskioideae*, *Opuntioideae* und *Cactoideae*. Wie die meisten Pflanzen brauchen Kakteen viel Sonnenlicht und gedeihen deshalb unter der Wüstensonne besonders gut. Ihre besondere Spezialität ist die Fähigkeit, Feuchtigkeit in dehnbaren, gelatinehaltigen Zellen in Stamm und Ästen zu speichern, indem sie tagsüber die Poren schließen und sie nur nachts öffnen, wenn die Temperaturen sinken. Im Saguaro National Park herrschen über 40 Grad Celsius tagsüber und immer noch an die 20 Grad nachts. Kakteen wachsen nur sehr langsam. Sie können die unregelmäßigen, aber umso heftigeren Regenfälle dank ihres ausgedehnten flachen Wurzelsystems und ihrer Wasserspeicherfähigkeit effektiv nutzen. Stamm und Verzweigungen sind mit einer Wachsschicht überzogen und von schützenden Stacheln besetzt; diese übernehmen die Funktion von Blättern und dienen der Fotosynthese. Die im Frühjahr zum Vorschein tretenden auffälligen Blüten locken Falter und Fledermäuse an, die sie bestäuben. Im Herbst wachsen daraus Kakteenfrüchte, die von vielen Tieren, aber auch von Menschen, gegessen werden und deren ausgeschiedene Samen auf diese Weise verbreitet werden.

Wüste ist nicht gleich Wüste

Diese Überlebensstrategien begeisterten seit jeher Expeditionsreisende und Besucher. So staunte John Steinbeck in seinem 1962 veröffentlichten Reisetagebuch *Meine Reise mit Charley*: »Die trockene und sonnenverbrannte Wüste stellt ein gutes Anschauungsobjekt dar. Hier kann man die Klugheit und die unendliche Palette an Überlebenstechniken unter gnadenlosen Bedingungen studieren. Die Lebewesen können die Sonne nicht abschwächen oder die Wüste wässern, und deshalb müssen sie sich an die Gegebenheiten anpassen.«
Wer aufmerksam durch den Südwesten fährt, wird feststellen, dass es hier gleich vier Wüsten gibt: die Chihuahua-, die Sonora-, die Mojave- und die Great-Basin-Wüste. In Arizona verschmelzen sie und machen den Grand Canyon State zum biologisch abwechslungsreichsten aller Südweststaaten. Dabei haben die Wüstenareale mit der üblichen Vorstellung von endlosen Sandflächen und Dünen wenig gemeinsam;

jede einzelne weist eine ganz eigene Charakteristik auf.
Die Sonora-Wüste, in der der Saguaro National Park liegt, erstreckt sich über die nur 800 bis 900 Meter hohen Tiefebenen und Becken südlich von Phoenix bis nach Mexiko. Zwei Regenperioden, im Sommer und Winter, machen sie zu einer der grünsten Wüsten überhaupt. Mesquitestrauch und Kreosotbusch, Kerzenstrauch und über 100 verschiedene Kakteenarten wie Orgelpfeifenkaktus, Cholla, Feigenkaktus, Beaver-Tail-Kaktus, Pincushion, Claret Cup, Hedgehog und eben Saguaro kommen mit den spezifischen Gegebenheiten gut zurecht.
Die östlich gelegene Chihuahua-Wüste befindet sich zu großen Teilen in Mexiko und reicht nordwärts in den US-Bundesstaat New Mexico und den Südosten Arizonas hinein. Mit Höhenlagen von 1000 bis 1500 Metern liegt sie verhältnismäßig hoch, weshalb die Winter hier lang und kühl sind; hier fällt sogar Schnee.
Die Mojavewüste befindet sich hauptsächlich in Kalifornien, im äußersten Südwesten Utahs und in Nevada, erreicht aber auch die mittleren und nördlichen Teile Arizonas. Sie gilt als heißeste Wüste und wird dominiert von dem sogenannten Joshua Tree, einer Palmlilien-Art. Die vierte Wüste des Südwestens, das Great Basin, liegt in der äußersten nordwestlichen Ecke Arizonas und umfasst ein riesiges Areal: über Ost-Utah bis hinauf nach Oregon im Nordwesten. Bei Höhenlagen von 1200 Metern und mehr handelt es sich um eine relativ kühle Wüste.

ZOO UND BOTANISCHER GARTEN IN DER WÜSTE

Das Arizona-Sonora Desert Museum, östlich der Metropole Tucson im Süden des Bundesstaats Arizona gelegen, gewährt einen fesselnden Einblick in die Sonora-Wüste. Einerseits handelt es sich um ein naturwissenschaftliches Museum, andererseits um eine Mischung aus Zoo und Botanischem Garten. Die in der Wüste beheimateten Tierarten werden hier in großzügig angelegten Naturgehegen, in einigen Bereichen sogar ohne sichtbare Zäune, gehalten: Präriehunde, Kojoten, Berglöwen, Schlangen, Eidechsen oder Kolibris zwischen über 400 Pflanzenarten, darunter verschiedenen Kakteen wie den berühmten Saguaros.
Arizona-Sonora Desert Museum, N. Kinney Rd./Tucson Mountain Park, Tucson/AZ, www.desertmuseum.org

PARKINFORMATIONEN

www.nps.gov/sagu, Eintritt: $ 10/Pkw

22 Petrified Forest National Park

Ein versteinerter Wald

Im zentralen Arizona zeigt der Petrified Forest National Park, dass an der Stelle, wo sich heute Hochwüste erstreckt, Landschaft und Klima einst ganz anders waren. In grauer Vorzeit herrschten hier tropische Temperaturen mit entsprechend angepassten Pflanzen und Tieren, darunter Riesenechsen. Vulkantätigkeit und Klimawandel besiegelten vor 200 Millionen Jahren das Ende dieser Periode, Pflanzen und Bäume stürzten in den mit Vulkanasche versetzten Sumpf und lagerten dort luftdicht abgeschlossen. Siliziumdioxid drang in die Zellen des morschen Holzes ein und erreichte eine so hohe Konzentration, dass es zu Quarz kristallisierte. Nach dem Austrocknen des Sumpfes gelangten die nun blau, gelb und rot schimmernden versteinerten Bäume wieder ans Tageslicht. Lange als beliebtes Souvenir in Massen abgebaut, wurde das Gebiet 1906 unter Schutz gestellt. Heute ist das Mitnehmen von Stücken strengstens verboten. Nördlich schließt sich mit dem Painted Desert ein weiteres Naturschauspiel an. Für die ungewöhnlich bunten Schichten der Wüstenlandschaft ist hier mineralhaltiger Sand, zum Großteil Vulkanasche, verantwortlich.

PARKINFORMATIONEN:
www.nps.gov/pefo, Eintritt: $ 10/Pkw

Zu Stein gewordenes Holz ist das prägende Kennzeichen des Petrified Forest National Park. Früher waren die zu Quarz gewordenen Holzstücke ein beliebtes Souvenir. Heute ist es strengstens verboten, etwas davon mitzunehmen.

23 Navajo National Monument

»Land des schlafenden Regenbogens«

Rote Mesas und enge Canyons, silbrige Artemisia-Sträucher und stachelige Kakteen sind als atemberaubende Kulisse aus Western-Filmen hinreichend bekannt. Das Monument Valley im Norden Arizonas, von den Indianern »Land des schlafenden Regenbogens« genannt, diente mit seinen Tafelbergen, Zinnen, Plateaus und Nadeln als Drehort legendärer Streifen wie *Rio Grande* oder *Stagecoach*. Besonders der berühmte Regisseur John Ford hatte diesen Landstrich ins Herz geschlossen, aber auch John Wayne: Die *Three Sisters* werden ihm zu Ehren auch *Big W* genannt. Das Monument Valley liegt auf Reservatsgrund der Navajo-Indianer und steht als *Tribal Park* unter Naturschutz. Im Norden wurde bereits 1909 ein kleines Schutzgebiet ausgewiesen: das Navajo National Monument. Hier befinden sich drei fast völlig intakte Felsensiedlungen prähistorischer Indianer. Diese Wohnsitze der Anasazi lassen einen glauben, die Indianer seien nur kurz auf ihre Felder gegangen. Dabei gaben sie die Felsenwohnungen schon um 1300 auf.

PARKINFORMATIONEN

www.nps.gov/nava, freier Eintritt; zum Monument Valley Navajo Tribal Park: http://navajonationparks.org/htm/monumentvalley.htm

Das einzige, was von den rätselhaften prähistorischen Indianern übrig geblieben ist, sind Felsenhäuser und Wandmalereien.
Oben: Felszeichnungen von spanischen Reitern und einer Kuh am Canyon del Muerto. Rechts: Die Betatakin Ruinen.

24 Carlsbad Caverns National Park

Höhlenwelt unter der Wüste

In der Chihuahua-Wüste, einem großen Wüstenbecken, das ins südliche Mexiko hineinreicht, liegt im US-Bundesstaat New Mexico der Carlsbad Caverns National Park. Im Angesicht von Kakteen und Agaven, Sand und Fels fällt es schwer, sich vorzustellen, dass sich unter der in der Hitze flirrenden Oberfläche ein riesiges Höhlensystem verbirgt. Über 300 Höhlen wurden entdeckt, allein 116 stehen im Carlsbad Caverns National Park unter Naturschutz. Er liegt am Fuße der Guadalupe Mountains und vereint eine Reihe unterschiedlicher Ökosysteme zwischen der Wüste und dem Hochgebirge.

Der Cowboy Jim White hatte 1898 als erster Weißer die Höhlen entdeckt, heute strömen Hunderttausende in das bis zu 490 Meter unter der Oberfläche gelegene Höhlensystem. Übertroffen werden die Besucherzahlen nur von der rund halben Million Bulldoggfledermäuse (*Tadarida brasiliensis*), die hier leben. Mehrere Höhlentouren, auf eigene Faust oder unter der Leitung von Park Rangern, geben Einblick in die faszinierende Unterwelt.

PARKINFORMATIONEN:
www.nps.gov/cave, Eintritt: $ 6 pro Person, verschiedene Ranger Touren $ 8–20.

Nationalpark unter der Erde: Bei Carlsbad, New Mexico, erstreckt sich unterirdisch ein riesiges faszinierendes Höhlensystem, das 1898 entdeckt wurde. Fledermäuse sind hier in großer Zahl heimisch.

25 Big Bend National Park

Land in der großen Flussschleife

Im Südwesten von Texas, dort wo die Besiedelung immer dünner wird und die Natur die Oberhand gewinnt, bestimmen der mächtigen Rio Grande River und sein tief eingeschnittenes Tal die Landschaft. Hier bildet der Fluss die natürliche Grenze zwischen Texas und Mexiko, und hier in einer Flussschleife liegt auch der Big Bend National Park, eines der abgelegensten und schönsten Naturareale des Südwestens. Der mächtige Rio Grande, der sich zwischen Chihuahua-Wüste und den Chisos und Davis Mountains abenteuerlich dahinschlängelt, gab diesem Teil von Texas seinen Namen: Big Bend Country. Der Fluss entspringt in den südlichen Rocky Mountains und mündet nach etwa 3000 Kilometern in den Golf von Mexiko. Aufgrund der Nähe zu Texas und Mexiko finden sich in diesem Gebiet Kultur und Traditionen der alten, spanischen Kolonialwelt ebenso wie Spuren der Ureinwohner. Die wilde, vom Flusstal geprägte Landschaft und atemberaubende Sonnenuntergänge ziehen jedes Jahr über eine Million Besucher an, und das trotz der Abgeschiedenheit.

PARKINFORMATIONEN:
www.nps.gov/bibe, Eintritt: $ 20/Pkw

»An der großen Flussschleife gelegen«, daher kommt der Name dieses Nationalparks im Südwesten von Texas. Der Rio Grande River hat vor der Kulisse der Chisos Mountains eine wildromantische, grüne Landschaft geschaffen.
Ganz oben: »The Window« (das Fenster) heißt passend diese Felsformation in den Grapevine Hills.

Trapper berichteten schon im 19. Jh. von einer faszinierenden Wald- und Berglandschaft in den Rocky Mountains, von Indianern und Wild, aber auch von unglaublichen Naturschauspielen wie dem Yellowstone (oben) oder den Grand Tetons (rechts).

Rocky Mountains und Great Plains

26 Yellowstone National Park

Einblick in die Unterwelt

Immer wieder berichteten Trapper, die in der Wald- und Berglandschaft der Rocky Mountains auf Jagd gingen, nicht nur von Unmengen von Wild, sondern sie schwärmten auch von unglaublichen Naturschauspielen: Geysire würden heißes Wasser in den Himmel spucken, warme Quellen zum Baden einladen und aus Felsspalten gelbes, übel riechendes Wasser fließen.

Lange Zeit hielten die Städter im Osten diese Geschichten der Fallensteller und Pelzjäger einfach nur für »Hirngespinste« und schüttelten den Kopf. Als dann jedoch Gerüchte über Goldfunde dazukamen, entschloss sich die Bundesregierung in Washington im Jahr 1871 eine wissenschaftliche Expedition unter der Leitung von Dr. Ferdinand V. Hayden, Direktor des U.S. Geological an Geographical Survey of the Territories, in die Wildnis zu schicken. Sein mit Bildern und Fotos ausgestatteter Bericht beeindruckte auch die Politiker: Am 1. März 1872 stellten sie erstmals ein Naturareal unter die Aufsicht und den Schutz des Staates, damit es als »öffentlicher Park zum Nutzen und zur Freude des Volkes« diene.
Zur 200-Jahr-Feier der USA im Jahr 1976 wurde der Yellowstone dann zum Biosphären-Reservat und 1978 schließlich zur UNESCO World Heritage Site ernannt. Heute zählt dieser malerische Flecken Erde zusammen mit dem Grand Canyon und dem Yosemite zu den beliebtesten und mit etwa drei Millionen Besuchern jährlich auch meistbesuchten Nationalparks Nordamerikas. Mit über 9000 Quadratkilometern ist der Yellowstone National Park zugleich der flächenmäßig größte Park.

Heiße Quellen und wilde Tiere

Er liegt auf einem Hochplateau von 1900 bis 2600 Metern mitten in den Rocky Mountains, malerisch gerahmt von bis zu 3400 Metern hohen Bergen. Die Hochebene entstand vor rund 100 000 Jahren, als ein Vulkan explodierte und der Kegel abgesprengt wurde; an der tiefsten Stelle entstand Lake Yellowstone. Von vulkanischer Aktivität zeugen in dem fast 50 mal 64 Kilometer großen Kessel noch heute unzählige Geysire – als bekanntester der Old Faithful –, außerdem gibt es heiße Quellen, Schlammvulkane, Calderas und Fumarolen.
Und es mangelt nicht an Leben. Die Palette reicht von Hirschen und Elchen über Grizzly- und Schwarzbären, Wölfe

1872 wurde mit dem Yellowstone National Park erstmals ein Naturareal unter staatlichen Schutz gestellt, heute zählt eben dieser Park zu den meistbesuchten und vielseitigsten in Nordamerika. Rechte Seite: Der Yellow-Stone River.

Im Yellowstone National Park soll es die größte Dichte an wild lebenden Tieren in Nordamerika geben. Die Besucher kommen aber auch wegen der faszinierenden »Lower Falls« am Yellowstone River (rechts), der Geysire und Vulkane. Ganz oben: Weißkopfseeadler. Mitte: Pronghorn Antilope. Unten: Rotfuchs.

und Büffel bis hin zu über 200 Vogelarten. Denn dichte Wälder und steil aufragende Granitfelsen, wilde Flüsse und spiegelnde Seen, dazu Hunderte von Wasserfällen – wie die berühmten Lower Falls, die Upper Falls, Gibbon und Tower Falls – bieten nicht nur grandiose Fotomotive, sondern auch Lebensraum für vielerlei Tier- und Pflanzenarten.

Der »zuverlässige Alte«

Der Yellowstone National Park misst 86 Kilometer von Ost nach West und gut 100 von Nord nach Süd. Er liegt zu 96 Prozent auf Staatsgebiet von Wyoming, nur im äußersten Nordwesten, im Yellowstone County, gehören kleine Teile zu Montana und Idaho. Dennoch befinden sich drei der insgesamt fünf Zugänge in Montana, nur zwei in Wyoming. Fast 2000 Kilometer an Wanderwegen, zahlreiche Hotels und Campingplätze machen den Park zu einer im Sommer viel besuchten Attraktion. Hierher kommt man, um die größte Dichte an wild lebenden Tieren in Nordamerika zu erleben und um einen Blick in die brodelnde Unterwelt zu werfen. Die Mammoth Hot Springs nahe dem *North Entrance*, wo sich auch die *Park Headquarters*, eines von fünf Visitor Centers und das Mammoth Hot Springs Hotel befinden, ist der einzige Teil des Parks, der auch im Winter uneingeschränkt zugänglich ist.
Der Old Faithful – der »zuverlässige Alte« – ist mit seinem neu eröffneten Visitor Center das Aushängeschild des Parks und liegt in dessen südwestlichem Teil, im Geysir Country. Der düsenförmige Geysir stößt ziemlich regelmäßig alle 90 Minuten 20 000 bis 30 000 Liter Wasser aus, und das 40 bis 55 Meter hoch. In der Frühzeit wurde er daher auch praktisch genutzt: General Sheridans Truppe soll Ende des 19. Jahrhunderts darin ihre dreckige Wäsche gereinigt haben. Im Umfeld des Old Faithful, im Upper Geyser Basin, befinden sich zahlreiche weitere Geysire, darunter der Riverside, Grotto und Daisy Geyser, außerdem gibt es sogenannte Pools. Solche heißen Quellen – wie Morning Glory oder Gem Pool – stechen durch ihr intensiv farbiges, fast giftig wirkendes Wasser ins Auge. Das ausgefallene Farbspektrum ist auf bestimmte Mineralien und Bakterien zurückzuführen.
Neben dem Old Faithful und dem Yellowstone Lake, der mit 160 Kilometern Uferlinie als der größte See Nordamerikas gilt und über 2000 Meter hoch liegt, hat der Naturpark eine dritte atemberaubende Sehenswürdigkeit vorzuweisen: den Grand Canyon of the Yellowstone River mit Lower und Upper Falls. Der Canyon erreicht nahe Artist Point seine größte Tiefe von 470 Metern und dort, wie vom gegenüberliegenden Grand View, bieten sich die wohl spektakulärsten Ausblicke auf das Tal und die 94 Meter hohen Lower Falls.

Das Monster atmet

Der Yellowstone ist ein Musterbeispiel für die enormen Kräfte, die unter der Erdoberfläche wirken. Es zischt, sprudelt und dampft pausenlos aus mehr als 200 Geysiren und über 10 000 heißen Quellen, Schlammlöchern und Fumarolen. Verantwortlich dafür sind *Hot Spots* – Stellen unterhalb der Erdkruste mit erhöhtem Wärmefluss, über denen Vulkane entstanden.

Im Erdinneren, unter dem Yellowstone, hat sich über Jahrhunderte hinweg eine riesige Magmablase gebildet und ein Supervulkan ist entstanden. In den letzten Jahren haben Forscher beobachtet, dass sich der Boden an einigen Stellen um bis zu zehn Zentimeter gehoben, an anderen aber gesenkt hat. Dafür sei das Magma verantwortlich, mutmaßen heute Geologen; es sei unterirdisch über etwa 15 Kilometer quer durch den Park geströmt und habe den Boden in Bewegung gebracht. Früher war man der Meinung gewesen, dass nur das heiße Grundwasser unter der Oberfläche rumore und für die Deformationen verantwortlich sei.

Eine andere Art der Gefährdung stellen Brände dar, die in gewissen Abständen immer wieder Flora und Fauna zerstören und ganze Landstriche vernichteten. So grausam solche Brände erscheinen mögen, sie dienen zugleich als natürliches Regulativ und gehören zu einem Kreislauf, bei dem sich der Urwald sozusagen selbst reinigt. Man schätzt, dass etwa 300 Großfeuer in den letzten 10 000 Jahren gewütet haben, zuletzt 1988. Damals wurde etwa die Hälfte des Areals von den Flammen erfasst – und kaum 20 Jahre später sprießen bereits überall wieder neue Bäume – die Natur erholt sich, sofern der Mensch ihr Zeit dazu lässt.

ÜBERNACHTEN AM OLD FAITHFUL

Rechtzeitige Buchung einer Unterkunft, am besten schon von zu Hause aus, ist bei einer Reise zum viel besuchten Nationalpark ratsam. Es gibt Hotels/Lodges und Campingplätze im Grant Village, am Old Faithful, in Mammoth Hot Springs, in Tower Fall–Roosevelt, im Canyon Village sowie im Areal Fishing Bridge/Lake Village/Bridge Bay. Neu eröffnet wurde kürzlich die Three Bear Lodge in West Yellowstone/MT (www.threebearlodge.com), und ungewöhnlich ist das historische Old Faithful Inn aus dem Jahr 1904, das angeblich größte Blockhaus der Welt. Allein die ganz aus Holz gebaute riesige Lobby mit großem Kamin ist sehenswert, doch auch die Lage ist einzigartig: direkt neben dem berühmten Old Faithful Geysir. **Xanterra Parks&Resorts**, www.TravelYellowstone.com, Tel. 001-307-344-7311

PARKINFORMATIONEN

www.nps.gov/yell, Eintritt: $ 25/Pkw

Die hochalpine Landschaft im Grand Teton National Park Gebirgskette erinnert zwar ein wenig an die Alpen, ist aber weit monumentaler.
Unten: Hier ist auch der nordamerikanische Elch, der Moose, heimisch. Rechte Seite: Der Jackson Lake liegt über 2000 m hoch.

27 Grand Teton National Park

Bergspitzen im Tal des Schlangenflusses

Steht man vor der imposanten Bergkette der Grand Tetons, Teil der mächtigen Rocky Mountains, fühlt man sich an die Alpen erinnert. Teewinot, »die vielen Bergspitzen«, nannten die Indianer diese Naturschönheit. Die ersten weißen Trapper, zumeist Frankokanadier, sahen darin eher weibliche Rundungen und bezeichneten deshalb die Bergkette als »Les Trois Tetons« – die drei großen Brüste.

Auch wer noch nie hier war, dem könnte diese Gegend irgendwie bekannt vorkommen, und zwar aus den Büchern Karl Mays. Viele Beschreibungen in seinem dritten und vierten Winnetou-Band spielen nämlich in dieser Region, im Tal des Schlangenflusses, des Snake River, zwischen Teton Range und den gegenüberliegenden Gros Vendre Mountains. Sogar Winnetous Grab soll sich nach May hier befinden, irgendwo in den Bergen, an der Mündung des Hoback Rivers in den Schlangenfluss südlich der Ortschaft Jackson.

Das 64 Kilometer lange Rückgrat des 125 666 Hektar großen Nationalparks bildet die Gebirgskette der Tetons, die unvermittelt aus der Ebene aufzusteigen scheint und mit dem Grand Teton eine Höhe von 4197 Metern erreicht. Seit 1929 ist diese Landschaft mit ihren Seen, Bergen und dem Hochtal Jackson Hole als Nationalpark geschützt, wobei allerdings erst 1950 der große östliche Teil durch finanzielle Unterstützung des Großindustriellen John D. Rockefeller Jr. dazu gewonnen werden konnte. Aus diesem Grund trägt der US-Highway 89, der hier in Nord-Süd-Richtung den Park quert, seit 1972 den Beinamen John D. Rockefeller Memorial Parkway und ist dem National Park Service unterstellt. Der Millionär und Naturfreund Rockefeller hat den National Park Service nicht nur hier am Grand Teton finanziell geholfen, sondern gilt allgemein als großer Unterstützer der Nationalparks.

Ein junges Gebirge

Die Grand Tetons sind eine der jüngsten geologischen Bergformationen Nordamerikas, »lediglich« zwischen 13 und 17 Millionen Jahre alt. Und damit jung im Vergleich zu den 60 Millionen Jahre alten Bergen ringsherum. Die Bergkette entstand, als sich ein gewaltiger Riss in der Erdoberfläche bildete, die Erdkruste aufzubrechen begann. Eine Seite, im Westen, türmte sich dabei auf, bewirkt durch starke Kräfte aus dem Erdinnern, zur Teton Range, die östliche bildete hingegen eine Talsenke, Jackson Hole.

Der Grand Teton National Park unterscheidet sich ökologisch kaum vom benachbarten Yellowstone National Park und vielfach kann man hier wie dort dieselben Tiere besonders Wapiti-Hirsche (unten), und Pflanzen beobachten. Rechte Seite: Vollmond über Teton-Gebirgskette. Oben: Der Leigh Lake am Mount Moran.

Durch dieses lang gestreckte Becken zu Füßen der Bergkulisse schlängelt sich der Snake River, der Schlangenfluss. Die Senke wurde nach David E. Jackson, einem der ersten Pelzjäger der Region, Jackson Hole genannt. Die tiefste Stelle dieser Teton Fault, wie sie korrekt heißt, liegt südlich der modernen Ortschaft Jackson und ist bis heute Erdbebengebiet. Dass die Erde hier noch immer in Bewegung ist und sich, glaubt man Geologen, in kürzester Zeit um über drei Meter senken und ein starkes Erdbeben hervorrufen könnte, scheint moderne Urlauber nicht zu stören – genauso wenig wie die einst hier jagenden Indianer und Trapper.

Die Tetons wachsen noch immer, wobei durch die Prozesse der Anhebung und Absenkung verschiedener Partien im Laufe der Zeit dieselben Sedimente und Gesteine an unterschiedlichen Orten und in verschiedenen Höhenlagen zu finden sind. Ausschlaggebend für das heutige Aussehen der Berge waren die Gletscher der letzten Eiszeit, deren Schmelzwasser, vorgeschobene Moränen und Geröllwüsten die mittleren und tieferen Lagen dieser grandiosen Berglandschaft gestalteten.

Der Nationalpark bildet ökologisch gesehen mit dem nördlich angrenzenden Yellowstone National Park eine landschaftliche Einheit, sodass sich die Tier- und Pflanzenwelt kaum voneinander unterscheidet. Im Vergleich zum fast ausschließlich mit Nadelbäumen bestandenen Yellowstone finden sich am Fuß der Tetons entlang der Bachläufe, Flüsse und Seen jedoch mehr Laubbäume, und diese sorgen im Herbst für ein einzigartiges Farbenschauspiel.

Nicht auf Winnetous Spuren

Auch wenn die Grand Tetons und Jackson Hole in Karl Mays Band *Winnetou III* eine zentrale Rolle spielen, sollte man nicht versuchen, mit dem Buch in der Hand auf Winnetous Spuren durch die Region zu reisen. May war nie hier und kannte die Gegend nur aus Reiseberichten. Besser hält man sich an die Informationen, die man im Hauptbesucherzentrum in Moose, nördlich Jackson, erhält. Dem Zentrum angeschlossen ist ein kleines Museum, das die Geschichte von Jackson Hole und seinen frühen Bewohnern – Indianern, Trappern, Händlern und Pionieren – illustriert.

Bei einer Besichtigungstour sollte man ab Moose Junction die Hauptroute auf dem John D. Rockefeller Parkway verlassen und auf der fast parallel dazu verlaufenden Teton Park Road tiefer in den Park vordringen. Vom Craig Thomas Discovery & Visitor Center geht es nordwärts zu den herrlichen Bergseen Jenny Lake und Leigh Lake. In deren Umkreis sind zahlreiche, unterschiedlich lange Wanderwege ausgeschildert; auch das Jenny-Lake-Besucherzentrum informiert darüber. Der Jenny Lake Loop beispielsweise führt vor der Kulisse der hoch aufragenden Gebirgswand rund zehn Kilometer um den Bergsee herum.

Von der Teton Park Road aus empfiehlt sich, kurz bevor sie an der Jackson Lake Junction wieder auf den Highway 89 stößt, ein Abstecher zum Aussichtspunkt Signal Mountain. Zu dessen höchstem Punkt in etwa 2300 Metern Höhe führt eine Seitenstraße. Von hier oben genießt man einen weiten Blick auf die Hochebene von Jackson Hole und die umgebende Bergwelt. Der Signal Mountain

liegt am Südostufer des Jackson Lake, dem größten See im Nationalpark, der mit seinen Inseln, Buchten und dem bewaldeten Ufer ein malerisches Bild abgibt. Entstanden ist er durch das Aufstauen des Snake River.

Idyllischer Jackson Lake

Einen Kilometer östlich der Jackson Lake Junction, in Richtung Moran Entrance, bietet sich vom sogenannten Oxbow Bend Overlook der wohl beste Ausblick auf die Bergkette. Dort spiegelt sich die mächtige Bergkulisse der Grand Tetons attraktiv im Altwasser des Flusses. Auf dem Rockefeller Parkway weiter nordwärts zweigt bald eine kurze Stichstraße zur Colter Bay und zum Ufer des Jackson Lake ab. Abgesehen von Versorgungseinrichtungen aller Art – Laden, Tankstelle, Cabins, Campingplatz und einer Bootsanlegestelle – befindet sich hier das Colter Bay Visitor Center, ein Besucherzentrum, in dem ein Film über die Region und deren Geschichte gezeigt wird und das eine sehenswerte Ausstellung zum Kunsthandwerk der einstigen Ureinwohner beherbergt. Dieses Indian Arts Museum ging aus der Sammlung von David T. Vernon hervor und wurde durch eine Spende der Rockefellers finanziert.

Von Colter Bay führt der Parkway malerisch entlang dem Ufer des Jackson Lake zum nördlichen Parkausgang und dann – nach weiteren 13 Kilometern durch ausgedehntes Waldgebiet – zum Südzugang des Yellowstone National Park. Allerdings ist diese Straße von Anfang November bis Mitte Mai gesperrt.

URLAUBSORT JACKSON

Jackson hat sich zum Dreh- und Angelpunkt des Berg- und Naturtourismus entwickelt und sich dazu Wildwest-Flair zugelegt. Die Region ist dank ihrer über 50 Skipisten, vor allem am Mount Rendezvous, auch zur Topdestination für europäische Winterurlauber geworden. Trotz des Zustroms wird es hier nie eng – lediglich die Unterkunft sollte man im Voraus buchen.

Vor dem Ort liegt die National Elk Refuge (www.fws.gov/nationalelkrefuge), ein 1000 Quadratkilometer großes Rückzugsgebiet für Wapitihirsche. Dieses lohnt ebenso wie das National Museum of Wildlife Art (www.wildlifeart.org) einen Besuch. Hinterher kann man sich bei Snake River Brewing (www.snakeriverbrewing.com) mit hausgebrautem Bier und Essen stärken.

Infos zu Jackson Hole: www.jacksonhole-chamber.com

PARKINFORMATIONEN

www.nps.gov/grte, Eintritt: $ 25/Pkw

Glacier oder Waterton Lakes National Park bezeichnen ein und dieselbe Gletscherlandschaft, die die amerikanisch-kanadische Grenze ignoriert und als »Wateron-Glacier International Peace Park« unter Schutz steht.
Ganz oben: Im Reservat der Blackfeet.
Unten: St. Mary Falls. Rechte Seite: Goose Island am St. Mary Lake.

28 Glacier National Park

Bedrohte Welt aus Eis

»Hier kann man seine Sorgen besser vergessen als sonst wo auf dem Kontinent!« Beeindruckt schwärmte John Muir (1838–1914), Forscher und einer der ersten Naturschützer der Welt, von der Bergregion der Rocky Mountains im Grenzland zwischen den USA und Kanada. Ein Großteil steht heute als Glacier National Park in den USA und als Waterton Lakes National Park in Kanada unter Naturschutz.

Die mächtige Bergkette der Rocky Mountains ragt im Norden des Bundesstaats Montana und im Süden der angrenzenden kanadischen Provinz Alberta abrupt über die sanft-welligen Ebenen des weiten Graslandes hinaus. Hunderte von Bergseen, Dutzende von Gletschern und unzählige Wasserfälle glitzern zwischen schroffem Felswänden und dicht bewaldeten Tälern.
2010 begeht der 4100 Quadratkilometer große Glacier National Park sein hundertjähriges Jubiläum. Er wurde 1910 als zehnter Nationalpark der USA unter Schutz gestellt. Mehr als zwei Millionen Besucher folgen Jahr für Jahr den Spuren von John Muir und lassen sich von der Berg-, Wald- und Gletscherlandschaft begeistern. Seinen Namen verdankt der Park den Gletschern, deren Abschmelzen zur Folge hatte, dass so viele Seen entstanden.

Zwei Namen für einen Park

Der Nationalpark erstreckt sich an der Ostflanke der Rocky Mountains und umfasst deren in Nord-Süd-Richtung verlaufenden Hauptkamm. Der höchste Berg, der Triple Divide Peak mit 2433 Metern, bildet zugleich den Wasserscheidepunkt: Die westlichen Wasser fließen in das Columbia-River-System und später in den Pazifik, die nordöstlichen in das Saskatchewan-River-System und dann in die Hudson Bay, und die südöstlichen in den Missouri River bzw. seine Nebenflüsse, um in den Mississippi und letztlich in den Golf von Mexiko zu münden. Seine Funktion als Wasserscheide erklärt den Namen des Berges: »Dreiteiler«.
Im Norden, jenseits der Landesgrenze zu Kanada, ändert der Park zwar seinen Namen in Waterton Lakes National Park, doch wurde das ganze Areal schon 1932 gemeinschaftlich zum grenzüberschreitenden Naturschutzgebiet, zum Wateron Glacier International Peace Park erklärt. 1976 wurde der Glacier National Park zusätzlich zum Biosphärenreservat ernannt und 1995 erhob ihn die UNESCO schließlich zum Weltnaturerbe.

Wasserfälle, die staunen lassen, Seen und schneebedeckte Gipfel – in dieser Landschaft ist von Bootsfahrten über Pferderitte bis hin zu Wandertouren eine breite Palette an Aktivitäten geboten.
Oben: Running Eagle Falls. Unten: St. Mary Falls. Rechte Seite: Lizard Island am St. Mary Lake. Rechts oben: Felder nahe Bynum.

Die Flora und Fauna des Nationalparks entspricht seiner nördlichen Breite und Höhenlage. Großtiere wie Elche, Wapiti- und Maultierhirsche sowie Schwarzbären und Waschbären sind zahlreich vertreten, vereinzelt sind Schneeziegen, Biber und Otter zu beobachten. Die wenigen Grizzlys bekommt man hingegen selten zu Gesicht. Unter den über 200 Vogelarten befinden sich besonders viele Wasservögel. Die Vegetation variiert stark zwischen dem niederschlagsreichen und dicht bewaldeten Westen und dem eher trockenen Osten.

Eine Welt aus Stein und Eis

Man kann es sich kaum vorstellen, dass vor mehr als einer Milliarde Jahren die gesamte Region von einem riesigen Meer bedeckt gewesen sein soll. Seine Ablagerungen legten den Grundstein für die heute bis zu 700 Meter starken Sedimentschichten aus Kalksandstein, in deren freigelegten Schichten teilweise noch fossile Algen entdeckt werden.
Weitere Ablagerungen ließen im Laufe der Zeit die Appekunny Formation, die 800 Meter starke Grinnell Formation – beides verhärtete Schlammschichten – sowie die Siyeh Formation entstehen. Diese Kalkschicht erwies sich gegen die erodierende Kraft der Gletscher als extrem widerstandsfähig und sorgte für bizarre und schroffe Felsformationen, die besonders bei Kletterern beliebt sind. Aus der Tiefe hochgedrücktes Magma, das sich verfestigt hat, bedeckt an vielen Stellen die heutige Parkfläche. Vor 60 Millionen Jahren war es zudem zu einer Anhebung des gesamten Geländes gekommen. Viele Bereiche brachen auf, kippten um, und alte Felsformationen rutschten oder wanderten in nordöstliche Richtung. Diese Felsen wurden dann erneut von jüngeren Sedimenten bedeckt und bilden heute die Lewis Range. Vor 50 Millionen Jahren begannen Erosionskräfte – Frost, Wasser und Wind – die Landschaft zu formen, und vor drei Millionen Jahren waren es schließlich die Gletscher, die in mehreren Eiszeiten – die letzte endete vor 10 000 Jahren – für den endgültigen Schliff sorgten.
Heute bedecken die Gletscher nur mehr einen Bruchteil ihrer ehemaligen Fläche – seit Mitte des 19. Jahrhunderts gehen sie langsam, aber konstant zurück. Eine Fotoserie vom Grinnell Glacier zwischen 1938 und 2005 zeigt die dramatischen Veränderungen, die der Klimawandel in dieser abgelegenen Bergwelt ausgelöst hat. Der National Park Service und der US Geological Survey beobachten nicht nur den Grinnell-Gletscher, sondern auch in anderen Regionen des Parks werden Vergleichsstudien betrieben. Sie alle bestätigen das Zurückweichen. Wurden um 1850 noch etwa 150 Gletscher gezählt, sind es heute wesentlich weniger. Kleinere sind komplett abgeschmolzen, die größeren besitzen nur noch rund ein Drittel ihrer ursprünglichen Ausmaße. Im 19. Jahrhundert sollen die Gletscher noch etwa 99 Quadratkilometer Fläche bedeckt haben, im Jahr 1993 lediglich 27.

Auf dem Weg zur Sonne

Die bekannteste Route durch den Glacier National Park ist die 80 Kilometer lange Going-to-the-Sun Road. Vom östlichen Zugangstor in St. Mary – ostwärts davon breitet sich die Blackfeet Indian

Reservation aus –, schraubt sich die »Straße zur Sonne« hinauf in die Berge und erreicht am Logan Pass die kontinentale Wasserscheide. Hier, auf einer Höhe von 2027 Metern, befindet sich ein Besucherzentrum, das ausführlich über Geologie und Geografie des Parks informiert. Von hier schlängelt sich die Straße dann wieder die Rocky Mountains hinunter, Richtung Westzugang bei West Glacier. Dies ist der zentrale Ort der Region, der auch als touristischer Standort beliebt ist und von White-Water-Rafting-Trips bis hin zu Ausritten ein breites Spektrum an Freizeitaktivitäten bietet.
Von zahlreichen Aussichtspunkten entlang der Going-to-the-Sun Road eröffnen sich grandiose Ausblicke: auf den St. Mary Lake, auf schneebedeckte Berge, den Lake McDonald, den Dreitausender Mount Jackson, den namensgebenden Going-to-the-Sun Mountain und auf ausgedehnte Waldareale. Aufgrund der Höhenlage ist die Straße nur in den Sommermonaten von etwa Ende Mai / Anfang Juni bis Mitte September geöffnet und befahrbar.
Ideal für einen Besuch sind die Monate Juli und August – doch selbst im Hochsommer kann es nachts zu Kälteeinbrüchen mit Frost und zu Schneestürmen kommen. Das sollte man beim Camping ebenso bedenken wie auf Wanderungen. Das Wegenetz macht insgesamt über 1000 Kilometer aus, viele längere Touren bedürfen jedoch entsprechender Vorbereitung und Ausrüstung, und es ist notwendig, bei der Parkverwaltung eine Erlaubnis einzuholen.

»AMERICA'S SWITZERLAND«

Es war die Great Northern Railway, die seit 1891 eine Linie im hohen Norden betrieb, und sie war es auch, die in den frühen Jahren des Nationalparks Unterkünfte im Schutzgebiet zur Verfügung stellte. Hotels im Schweizer Châlet-Stil wurden gebaut, und man warb mit »America's Switzerland«. Über 300 Gebäude aus jenen Tagen sind erhalten und stehen unter Denkmalschutz. Viele davon fungieren noch heute als luxuriöse Unterkünfte, so das Many Glacier Hotel oder die Lake McDonald Lodge (zu Unterkünften: www.glacierparkinc.com).

PARKINFORMATIONEN

www.nps.gov/glac, Eintritt: $ 25/Pkw, im Winter $ 15, siehe auch: www.glaciercentennial.org

Bereits aus der Ferne sieht man die hohen, ganzjährig mit Schnee bedeckten Gipfel des Rocky Mountain National Park. 116 der Berge erreichen Höhen von mehr als 3000 Metern. Hier der Mount Sinopah am Two Medicine Lake.

29 Rocky Mountain National Park

Quellgebiet des Colorado River

Bereits von Weitem sieht man die hohen, ganzjährig mit Schnee bedeckten Gipfel des Rocky Mountain National Park. 116 von ihnen – und das sind nur die namentlich benannten – erreichen Höhen von mehr als 3000 Metern und bilden eine malerische Kulisse im Westen der Metropole Denver. Die Nähe zur Hauptstadt des Bundesstaates Colorado macht das Naturareal zugleich zu einem sehr gut besuchten Naturpark.

Schwindelfrei sollte man schon sein, wenn man die Trail Ridge Road, die im Nordwesten von Denver den Rocky Mountain National Park durchquert, einschlägt. Sie ist im Nationalpark über fast 80 Kilometer Teil des Highway 34, der als höchste Straße in den USA gilt. In zahlreichen engen Kurven schraubt sich die Route nach der Ortschaft Estes Park immer weiter die mächtigen Rockies hinauf. Dabei eröffnen sich atemberaubende Panoramen. Auf der einen Seite die bewaldeten Hänge und grünen Täler; auf der anderen Seite der Abgrund. Hat man die Baumgrenze hinter sich gelassen, steht man quasi auf Augenhöhe mit den fast 4000 Meter hohen schneebedeckten Gipfeln.
Am höchsten Punkt im westlichen Teil des Nationalparks, am Alpine Visitor Center, türmen sich auf 3600 Metern Höhe selbst im Juni noch die Schneeberge auf, und Schneestürme sind sogar im Hochsommer nichts Ungewöhnliches. Kein Wunder, dass die Trail Ridge Road oft nur zwischen Mai und September schneefrei und befahrbar ist. Vom Besucherzentrum windet sich die Straße wieder hinab zum Milner Pass, der kontinentalen Wasserscheide auf 3279 Metern Höhe.
Der Cache La Poudre River, der dem Poudre Lake, einen malerisch gelegenen blauen Bergsee, entspringt, fließt Richtung Osten und bahnt sich ein Tal durch die Rockies. Diesem folgt der gleichnamige Scenic Byway, der vor allem an Wochenenden, wenn die Städter die hier gebotenen perfekten Rafting-Konditionen genießen, viel befahren ist. Er erreicht bei Fort Collins, einem sehenswerten Städtchen am Ostrand der Rockies, die Prärie.
Der Beaver Creek auf der anderen Seite des Milner Passes fließt hingegen nach Westen und mündet wie etliche andere Bergbäche in den Grand Lake, an der Südwestecke des Nationalparks, im

Auf der Trail Ridge Road geht es durch den White River National Forest. Auf der Fahrt eröffnen sich immer wieder spektakuläre Panoramen, und man sieht seltene Tiere und Pflanzen.
Rechte Seite: Bergziege am Mount Evans. Rechts oben: An der Quelle des Colorado. Oben: Der Lizard Head Pass am Tront Lake.

Quellgebiet des Colorado River. Eine imposante Kulisse bildet die Kette der Never Summer Mountains mit ihren an die 4000 Meter hohen Gipfeln, die ihren Namen nicht zu Unrecht tragen: Diese Welt aus Eis und Schnee ist verantwortlich für den Wasserreichtum des Colorado-River-Systems.
Dem Naturforscher, Fotografen und Hotelbesitzer Enos Mills ist es zu verdanken, dass die atemberaubende Bergwelt nordwestlich von Denver weder der Holz- noch der Bergbauindustrie zum Opfer fiel. Zuhause im heutigen Bergsportort Estes Park am östlichen Nationalparkrand wies er schon um 1900 auf die Schönheit der Gegend hin und setzte sich vehement für deren Ausweisung als Schutzgebiet ein. 1915 wurde seine Hartnäckigkeit endlich von Erfolg gekrönt: Das Resultat war die Ausweisung eines Nationalpark von über 100 000 Hektar Größe.
In den unteren Lagen bis 2800 Meter Höhe überwiegen Misch- und Kiefernwälder, zwischen 2800 und 3400 Meter dominieren Nadelbäume aller Art, und in den höchsten Lagen beherrscht die enzigartige Vegetation der Tundra das Bild. Insgesamt gibt es im Park rund 750 Pflanzenarten. Reizvoll ist für botanisch Interessierte besonders der Monat Juni, wenn Frühlingsblumen wie ein bunter Blütenteppich die Talauen und Wiesen entlang der Trail Ridge Road überziehen. Mills alte Heimat, Estes Park, hat sich dagegen zum Tor des Nationalparks gemausert. Einst ein vergessenes Bergdorf, prägen heute Hotels, Restaurants und Läden den Ort, und auf der Main Street geht es besonders während der Urlaubszeit recht lebhaft zu.

CACHE LA POUDRE-NORTH PARK SCENIC BYWAY

Eine landschaftlich attraktive, wenig bekannte Route über die Rocky Mountains führt durch die dünn besiedelte North-Park-Region im nördlichen Colorado nahe der Grenze zu Wyoming. Vom Universitätsstädtchen Fort Collins (www.visitftcollins.com), das sich vorbildlich um Erhalt und Restaurierung der historischen Innenstadt bemüht, folgt der Cache La Poudre-North Park Scenic Byway dem idyllisch-wilden Flusstal des Cache La Poudre über die Rockies und endet im bekannten Skiort Steamboat Springs.
Infos im Internet:
www.colorado.com
www.byways.org/explore/byways/2104

PARKINFORMATIONEN

www.nps.gov/romo, Eintritt: $ 20/Pkw

Hier wohnte Präsident Roosevelt höchstpersönlich: Im nach ihm benannten Nationalpark sind noch heute Büffel und Mustangs zu Hause und die Badlands bieten eine einzigartige Kulisse.
Rechte Seite: Der Little Missouri River.

30 Theodore Roosevelt National Park

Naturpark für einen Präsidenten

»Ohne meine Erlebnisse und Erfahrungen, die ich in North Dakota gemacht habe, wäre ich nie Präsident der USA geworden!« Theodore »Teddy« Roosevelt (1858–1919), zwischen 1901 und 1909 amtierender amerikanischer Präsident, erinnerte sich gern zurück an seine Jahre als einfacher Rancher in der endlosen Weite der Graslandschaft im äußersten Südwesten des Bundesstaats North Dakota.

Die Cowboys, die sich nach einem harten Arbeitstag im September des Jahres 1883 auf der schattigen Veranda des Saloons in Medora versammelt hatten, blickten sich schmunzelnd und stirnrunzelnd an: Was war denn da für ein Schnösel aus dem Zug aus dem Osten ausgestiegen? *Dude* – was so viel meint wie Dandy – nannten sie den jungen New Yorker zunächst geringschätzig, doch schon bald zeigte der seltsame Besucher, dass er durchaus in der Lage war, anzupacken, sich anzupassen und ein richtiger Rancher zu werden. Innerhalb kürzester Zeit war der junge Roosevelt als einer von ihnen akzeptiert. Roosevelt war ursprünglich zur Jagd auf Bisons und Großwild in die Region um Medora im Südwesten North Dakotas gekommen. Allerdings fiel ihm schon bald auf, dass die Tierwelt in dieser faszinierenden Prärielandschaft enorm dezimiert war. Diese Erfahrung führte dazu, dass er später als Präsident die Nationalparkidee energisch vorantrieb. In der Abgeschiedenheit der North Dakota Badlands baute er seine Elkhorn Ranch und wurde zum Rinderzüchter auf Zeit. Seine Erfahrungen als Rancher sollten *Old Four Eyes*, wie die Cowboys den Brillenträger nannten, menschlich und beruflich entscheidend prägen.
Roosevelts Liebe für die Natur des Westens hatte zur Folge, dass während seiner Amtszeit Naturschutz erstmals politisch thematisiert wurde. Sein größter Erfolg war 1906 die Einsetzung der US-Forstverwaltung und die Unterzeichnung des *Antiquities Act*, auf den basierend noch im selben Jahr 18 Naturschutzgebiete ausgewiesen wurden. Im Südwesten von North Dakota sollte die Umsetzung von Roosevelts Visionen etwas länger dauern: Um seine Elkhorn Ranch wurde zunächst 1947 einen National Memorial Park eingerichtet, aus dem 1978 ein National Park wurde.

Wo sich der Little Missouri ein Tal gegraben hat

Der 285 Quadratkilometer große Theodore Roosevelt National Park gliedert

sich in einen Nord- und einen Südteil. Im weniger frequentierten North Unit ist der Canyon, durch den sich der Little Missouri River durch die Great Plains schlängelt, schmaler und wirkt dadurch dramatischer und eindrucksvoller. Der Fluss hat sich in die Sandsteinformationen der Prärie hineingefräst und wird gerahmt von geomorphologischen Formationen und Schichten, die sich je nach Licht oder Sonnenstand farblich verändern. Dazu formten Wind und Regen die Canyonwände zu einer bizarren Landschaft mit Gräsern, Kakteen und Sträuchern.

Den südlichen Teil des Nationalparks erschließt eine knapp 60 Kilometer lange Rundstrecke. Sie beginnt in der kleinen Ortschaft Medora und führt durch den Canyon, vorbei an mehreren Aussichtspunkten und Ausgangspunkten für Trails, an Flusslandschaften und *Prairie Dog Towns*. Zwischen beiden Parkabschnitten und weiter Richtung Süden bis nahe an die Grenze zu South Dakota erstreckt sich entlang dem Little Missouri das Little Missouri National Grassland. Knapp eine halbe Million Hektar der Prärielandschaft wurde hier ebenfalls unter Schutz gestellt.

Von den riesigen Bisonherden, die noch bis 1870 durch den Canyon zogen, ist nicht viel geblieben. Auch die Antilopen oder Pronghorns (Gabelböcke), verschiedene Hirscharten, Schwarzbären, Waschbären, Biber sowie die einst überall in riesigen unterirdischen Höhlenstädten lebenden Präriehunde waren bereits weitgehend ausgerottet. Erst in jüngster Zeit fruchten Bemühungen um die Wiederansiedlung bedrohter Tierarten, und mittlerweile gibt es sogar wieder kleine Bisongruppen, Präriehunde, Antilopen und Mustangs. Diese Wildpferde, zurückgelassen von früheren Ranchern, haben hier ein Refugium gefunden.

ORT MIT WILDWESTFLAIR

Mit gut 100 Einwohnern wäre Medora (www.medorand.com) nicht mehr als ein kleines Nest in den endlosen Weiten der Prärie, hätte man sich nicht auf geschickte Vermarktung verstanden. Nicht nur der historische Ortskern wurde restauriert, sondern man bemühte sich auch um Wildwestflair. Zahlreiche kleine Lokale, Cafés und Läden laden zum Bummel ein, und die North Dakota Cowboy Hall of Fame (www.northdakotacowboy.com) ist einzigartig in ihrer Art. Wilden Westen mit einem Schuss Lokalpatriotismus bietet jeden Sommerabend das Medora Musical – ein Varieté im Broadway-Stil mit Showeinlagen.

PARKINFORMATIONEN

www.nps.gov/thro, Eintritt: $ 10/Pkw

Es ist ein amerikanisches Nationalheiligtum, ein Pilgerort und eine viel besuchte Attraktion im Westen des Bundesstaates South Dakota: das Mount Rushmore National Monument.
Rechte Seite: Bereits bei der Anfahrt kann man den Kopf von George Washington entdecken.

31 Mount Rushmore National Monument

Shrine of Democracy

Die Black Hills im Westen des Bundesstaats South Dakota gelten als Naturjuwel. Erst auf der Fahrt hinein in die Bergwelt versteht man jedoch, warum der Staat mit dem Slogan »Great Faces, Great Places« wirbt. Aus einem der Granitfelsen, den 1718 Meter hohen Mount Rushmore, wurden weithin sichtbar die Konterfeis der vier bedeutendsten Präsidenten der amerikanischen Geschichte herausmodelliert.

Der Bildhauer Gutzon Borglum (1867–1941) hatte eine Idee: Er wollte jene vier Präsidenten in Stein verewigen, die Amerika aus dem Kolonialismus ins 20. Jahrhundert geführt hatten. Bereits seit dem 19. Jahrhundert existierten Pläne für solch überdimensionale Felsskulpturen; 1849 war beispielsweise geplant gewesen, Christoph Kolumbus an passender Stelle in den Rocky Mountains zu verewigen. Doch erst 1923 lenkte der Historiker Doane Robinson die Aufmerksamkeit auf die Black Hills – »ein Gebirge, das den Zugang zum Westen und zugleich das Tor zu einem anderen Naturraum (die Rockies) bedeutet«.
Ein überdimensionales Felsbild wurde ins Auge gefasst, Robinson schlug als geeignete Kulisse die sogenannten Needles, eine Felsformation südöstlich Mount Rushmore vor, doch Proteste gegen diesen Standort und die ursprüngliche Motivwahl – Indianer und Pioniere des Westens –, ließen das Vorhaben zunächst scheitern. 1925 wurde dann der Bildhauer Gutzon Borglum für das Projekt gewonnen, für dessen Umsetzung der US-Kongress eine eigene Kommission, die Mount Rushmore National Memorial Commission, eingesetzt hatte. Borglum hatte bereits ein Felsbild am Stone Mountain bei Atlanta geschaffen und zeichnete verantwortlich für mehrere kleinere Standbilder in Washington (so die Lincoln-Statue im Kapitol), New York und anderen Städten. Borglum, der unter anderem zusammen mit Rodin in Paris studiert hatte, galt sowohl als künstlerisch begabt als auch mit hinreichend Enthusiasmus ausgestattet. Der Auftrag lautete, ein Relief zu schaffen, das die Stärke und Bedeutung der amerikanischen Nation symbolisieren solle. Borglum griff seine alte Idee auf, verdiente, ehrenwerte Persönlichkeiten in Form eines *Shrine of Democracy* zu verewigen.

Auch dem legendären Häuptling der Lakota-Sioux, Crazy Horse, wird ein gigantisches steinernes Denkmal gewidmet, von dem bisher erst der Kopf zu sehen ist (ganz oben und rechts oben). Bis das Modell (oben) verwirklicht ist, werden noch viele Jahre vergehen. Rechte Seite: Die steinernen Präsidenten Washington, Jefferson, Lincoln und Roosevelt.

Vier Präsidenten in Stein

Als erstes Porträt wählte der Bildhauer George Washington aus. Der erste Präsident der USA (1732–1799) steht für die Schaffung der demokratischen Grundlagen. Dann folgte Thomas Jefferson, dem als dritten Präsidenten (1743–1826) das Verdienst zukommt, sowohl die *Declaration of Independence* verfasst als auch die Expansion nach Westen forciert zu haben. Abraham Lincoln war der 16. und zugleich bedeutendste US-Präsident (1809–1865). Er verhinderte das Auseinanderbrechen der Nation in einen Nord- und einen Südteil, auch wenn dies den Bürgerkrieg zur Folge hatte, und er schaffte die Sklaverei ab – wegweisende Schritte zur Wahrung der Grundrechte und Stabilisierung der Demokratie. Der 26. Präsident, Theodore Roosevelt (1858–1919) schließlich führte die Nation in die Moderne und bereitete den Weg für Amerikas Stellung als führende Nation der Welt. Gleichzeitig setzte er sich durch die Ausweisung vieler Nationalparks für den Erhalt und Schutz der Natur ein.
Als Hintergrund wählte Borglum den 1718 Meter hohen Mount Rushmore, genauer, dessen Südflanke, die den Vorteil besaß, fast den ganzen Tag über sonnenbeschienen zu sein. 1930 begann der Künstler mit der Ausführung seines Entwurfs am Felsen, und das erste fertig gestellte Porträt war jenes von Washington. 1936 folgte Jefferson und ein Jahr später Lincoln. 1939 war Roosevelts Kopf verewigt, und Borglum fasste jetzt allmählich die Ausführung der Büsten ins Auge. Allerdings starb der Künstler 74-jährig im März 1941, und sein Sohn Lincoln, der das Werk fortsetzte, entschied sich, die ursprünglich auch noch geplanten Oberkörper wegzulassen. Im Oktober 1944 wurde das Monument nach 14 Jahren Arbeit und einer Million Dollar Kosten eröffnet. Seither zählt Mount Rushmore zu den beliebtesten Ausflugszielen, Pilgerorten und meist fotografierten Sehenswürdigkeiten Amerikas.

Paha Sapa – die Schwarzen Hügel

Die Black Hills, die Schwarzen Hügel, liegen im äußersten Westen von South Dakota und bilden als geologische Einheit eine für diese Prärieregion untypische Landschaftsform. Die Lakota-Indianer gaben den Bergen ihren Namen – *Paha Sapa* oder *He Sapa* –, weil sich ihre Kontur aus der Entfernung als schwarze Horizontlinie abzeichnet – eine Erscheinung, die vor allem durch die Kiefernwälder hervorgerufen wird.
Für die Lakota, einer Gruppe des gemeinhin als Sioux bekannten Indianervolks, das sich als *Warriors of the Plains*, als Krieger der Prärie, ansah, sind die Black Hills ein heiliger Ort. Doch nachdem 1874 eine Militärexpedition unter George A. Custer in die Bergwelt vorgedrungen war, sollte es vorbei sein mit der Ruhe. Custer war beauftragt, nicht nur die Region zu erkunden, sondern auch den Gerüchten über Goldfunde nachzugehen. Man fand tatsächlich Spuren des Edelmetalls, und das Schicksal nahm seinen Lauf. Zwar versuchte die US-Armee einen Goldrausch zu verhindern, denn das Land war im Vertrag von Laramie 1868 den Sioux zugesichert worden, doch die Geldgier war stärker. Die Sioux setzten sich zur Wehr, mussten sich jedoch letztlich der geballten

weißen Macht beugen und am Ende in Reservate umsiedeln.
In nur wenigen Wochen waren über 25 000 Glückssucher im Norden der Black Hills eingefallen und hatten eine legendäre Westernstadt aus dem Boden gestampft: Deadwood. Dubiose Figuren und Westernhelden wie Wild Bill Hickock, Calamity Jane oder Seth Bullock waren hier zu Hause, und ein Hauch Wildwest zieht noch heute durch die Straßen der Stadt. In der Nähe hat der Schauspieler Kevin Costner den Indianern und dem wichtigsten Tier der Prärie, dem Bison, ein Denkmal gesetzt: »Tatanka – Story of the Bison« heißt das sehenswerte Informationszentrum, in dem man alles über den Bison und das Leben der Lakota – mit Führungen und Vorträgen von Indianern, handwerklichen Vorführungen, Filmen und anderen Medien – erfahren kann.
Geologisch zählen die Black Hills zu den ältesten Gebirgsformationen Amerikas. Vor 60 Millionen Jahren hatte eine langsame Hebung des Geländes eingesetzt; und so drückten sich die Berge zunächst in Gestalt eines gewaltigen Granitfelsens durch die Sandsteinformationen der damals noch subtropischen Ebene. Die Sandsteinschichten verschwanden im Laufe der Zeit durch Erosion, während die Granitfelsen weiter wachsen; viele Gipfel messen inzwischen über 2000 Meter.
Eine Reise durch die Black Hills lohnt aus verschiedenen Gründen. Zum einen wegen kleiner Wildweststädte wie Deadwood, zum anderen aufgrund der idyllischen Bergwelt. An Sehenswürdigkeiten bilden das Mount Rushmore National Monument, das Crazy Horse Memorial und die Höhlenwelt der Jewel und Wind Caves Höhepunkte der Region, dazu vervollständigen Dinosaurierfunde bei Hot Springs sowie der Custer State Park mit seiner Bisonherde das breite Angebotsspektrum.

DENKMAL FÜR DIE UREINWOHNER

Als im Jahr 1939 die Arbeiten am Mount Rushmore in vollem Gang waren, beschloss der Häuptling der Lakota-Sioux, Henry Standing Bear, ebenfalls ein Erinnerungsdenkmal in Auftrag zu geben: Zu Ehren der Indianer sollte an der Südwand des Thunderhead Mountain, etwa 30 Kilometer südwestlich von Mt. Rushmore, ein Reiterdenkmal für den legendären Crazy Horse entstehen. Als Bildhauer wurde Korczak Ziolkowski (1908–1982) gewählt, der als Assistent am Mount Rushmore tätig war. Gegenwärtig hat man nach Fertigstellung des Porträts mit den Arbeiten am ausgestreckten Arm und am Pferdekopf begonnen. Der Grund, dass es so langsam vorangeht, ist, dass die Indianer ebenso wie die Familie Ziolkowski öffentliche Gelder ablehnen.
Crazy Horse Memorial, www.crazyhorse.org

PARKINFORMATIONEN

www.nps.gov/moru
Museum, Werkstatt und Aussichtsplattform, frei, $ 10 Parkgebühr

Der Badlands National Park ist eine bizarre wild zerklüftete Landschaft, deren schwere Zugänglichkeit schon die Indianer, die heute in der nahen Pine Ridge Indian Reservation leben, erkannt hatten.

32 Badlands National Park

»Land of Stone and Lights«

Die Badlands, umgeben vom Buffalo Gap National Grassland, liegen mitten im Bundesstaat South Dakota. Dieser Nationalpark gehört eher zu den weniger besuchten und bekannten, dabei bietet er landschaftliche Reize, die ihn von anderen Parks unterscheiden. Die Faszination der wild zerklüfteten, bizarren Bergwelt, die einer Mondlandschaft gleicht, wird noch gesteigert durch die verschiedenfarbigen Sandsteinschichten der Felswände.

Menschen begegnen den Badlands seit jeher mit einer Mischung aus Furcht und Faszination. Selbst die hier lebenden Lakota, eine Gruppe der berühmten Sioux, die den Ort als heilig betrachten, sprechen von *maco sika*, schlechtem Land. Auch die ersten Trapper, die durch diese Region zogen, waren der Meinung, dass dieses Land ausgesprochen »schwierig zu durchqueren« und auch für die Besiedelung »ungeeignetes Land« sei. Die Indianer hatten jedoch für die eindrucksvolle Landschaft noch einen anderen Namen: *kadoka*, die Wand. Nähert man sich von Süden her über die endlose Prärie, wird deutlich, warum: Die Bergkette wirkt dann nämlich wie ein unüberwindliches Hindernis. Die ersten Siedler übernahmen das Wort und nannten ihre ersten Siedlungen Kadoka und Wall.
1939 wurden die Badlands zum Nationalpark erklärt, 1976 kamen zwei ausgedehnte Areale im Süden dazu: Stronghold und Palmer Creek Unit, die die Parkverwaltung zusammen mit den Lakota-Indianern, auf deren Pine-Ridge-Reservat das Gelände liegt, verwaltet. Heute umfasst der gesamte Nationalpark rund 1100 Quadratkilometer und gliedert sich in einen Nordteil (North Unit) und in einen größeren, aber unzugänglicheren Südteil (Stronghold Unit).

Wenn rohe Kräfte walten

Das riesige Meer, das das zentrale Nordamerika einmal bedeckte, begann vor rund 65 Millionen Jahren abzufließen. Damals war die gesamte Region infolge plattentektonischer Verschiebungen, in deren Folge auch die Rocky Mountains entstanden, angehoben worden. Nachdem das Meer endgültig verschwunden war, wirkte Erosion auf die Landschaft ein, die Flüsse schnitten sich Täler in die Oberfläche und trugen Verwitterungsmaterial aus höher gelegenen Regionen heran. Vor etwa 40 Millionen Jahren

Die Badlands Loop Road führt durch eine bizarre Gras-Wüsten-Landschaft, die u.a. von Bisons und Präriehunden besiedelt wird. Auf der Fahrt bieten sich immer wieder faszinierende Ausblicke.

setzte dann starke vulkanische Tätigkeit im Gebiet des heutigen Yellowstone Park und entlang der Pazifikküste ein. Die vulkanischen Aschen wurden vornehmlich durch den Wind herangetragen und bildeten bis zu 180 Meter starke Schichten in der Badlands-Region. Vor rund 37 bis 23 Millionen Jahren setzte eine Phase der Sedimentierung und Verfestigung der Ablagerungen ein. Gleichzeitig begann sich das Klima zu wandeln: erst subtropische, dann aride Verhältnisse stellten sich ein. In der Folgezeit bedeckte erneut durch den Wind herangeschaffter Sand die Landschaft, und die Knochen von Urtieren tauchten an den Stellen wieder auf, in die die Flüsse im Laufe der Jahrtausende Canyons in die Ablagerungsschichten gegraben hatten. Knochen von Dinosauriern wurden durch Erosion freigelegt. Sie können am rund 500 Meter langen Fossil Exhibit Trail, einem Wanderweg direkt an der Badlands Loop Road, wenige Kilometer westlich vom Ben Reifel Visitor Center, bewundert werden.
Heute gehen, stark schwankend, zwischen 250 und 550 Millimeter Niederschlag jährlich auf die Badlands nieder. Der Regen fällt meist bei starken Gewitterschauern, die starke Erosionskraft besitzen. Große Temperaturschwankungen tragen ebenfalls zur Erosion bei, da sie sich in den oberen Gesteinsschichten auswirken, wo die Sonne tagsüber die Erde zum Glühen bringt, während nachts und vor allem im Winter eisige Temperaturen herrschen.
Die ständige Erosion lässt nur begrenztes Pflanzenwachstum zu, und dieses wird zusätzlich durch die ungenügenden und unregelmäßigen Regenfälle eingeschränkt. Somit findet man kaum Bäume und wenn, dann nur vereinzelt Pappeln oder Ulmen an Flussläufen oder Wacholder an einigen Hängen. Die für aride Gebiete typischen Yucca-Palmen, Sukkulenten, Kakteen und Dornbuschsträucher gibt es ebenfalls in den Badlands. 53 unterschiedliche Arten von Gräsern bedecken etwa die Hälfte des Nationalparkgebiets, und im Frühling bieten zahlreiche Wildblumenarten bunte Abwechslung in der schroffen und menschenfeindlich wirkenden Landschaft.
Die in den Prärien heimischen Bisons waren auch hier Ende des 19. Jahrhunderts fast ausgerottet. Zwischen 1962 und 1965 wilderte man indes einige Tiere aus, und mittlerweile beläuft sich ihre Zahl im Park wieder auf ein paar hundert. Mit etwas Glück sieht man sie friedlich weidend auf den Grasflächen. Seltener sind die scheuen Gabelböcke, eine fast ausgestorbene Tierart, wohingegen sich Präriehund-Siedlungen über den gesamten Park verteilen. Die wenigen Weißwedel- und Maultierhirsche halten sich gern in den Tälern und zwischen Sträuchern auf. Nachts werden Camper gelegentlich die leuchtend roten Augen von Kojoten sehen – sie sind in der Regel für Menschen ungefährlich. Waschbären, Stachelschweine, sieben Schlangenarten – darunter als einzig giftige die Klapperschlange – verschiedene Hörnchenarten und über 200 Vogelarten leben ebenfalls im Park.

Land der Steine und des Lichts

Es sind die bizarren, kargen Felsstrukturen und ihre sich im Sonnenlicht verändernden Farben, die fesseln. Bei Son-

nenuntergang scheinen die Felsen Feuer zu fangen, bei Sonnenaufgang beginnen sie plötzlich sanft aufzuleuchten, wenn die Sonnenstrahlen langsam die Hügel hinaufwandern.
Rund 20 Kilometer südlich der Ortschaft Wall, des Tors zum Park an der Autobahn I-90, beginnt der Badlands Loop (Highway 240), der durch den Nordteil des Parks führt. Nach etwa 35 Kilometern erreicht man auf ihm das Ben-Reifel-Besucherzentrum, und von hier gelangt man durch den Nordost-Eingang bei Cactus Flat wieder auf die I-90 zurück. Vom Visitor Center führt aber auch eine Straße südwärts, bis sie bei Interior auf den Highway 44 stößt. Dieser durchquert in Ost-West-Richtung das Buffalo Gap National Grassland, ehe er bei Scenic auf den Südteil des Parks, den Stronghold Unit, stößt. Von dort führt der Highway 27 am Rand des South Units entlang zum White River Visitor Center. Das Parkareal selbst ist so gut wie nicht erschlossen und nur über eine staubige Schotterpiste oder zu Fuß erreichbar.
Zahlreiche Aussichtspunkte reihen sich im Nordteil entlang dem Badlands Loop. Außerdem sollte man einige Wanderungen wie den Fossil Exhibit Trail, den Cliff Shelf Nature Trail, den steileren Saddle Pass Trail oder den Door Trail als Abstecher in die Wildnis einplanen, die ebenfalls von der Straße abgehen. Länger und anstrengender sind der Notch Trail oder der über 15 Kilometer lange Castle Trail. Für mehrtägige Wanderungen ist der Nationalpark aus klimatischen (Hitze), geografischen und infrastrukturellen Gründen (keine ausgebauten Trails) nicht empfehlenswert.

LETZTE STATION, WALL DRUG STORE

Die kleine Ortschaft Wall ist das Tor zum Badlands National Park. Attraktion im Ort ist der Wall Drug Store, seit 1931 ein *Waterhole* für Reisende auf dem Weg in den Westen. Mit unübersehbaren Reklametafeln entlang der einsamen Autobahn I-90 wird auf diese ungewöhnliche Attraktion hingewiesen. Heute gibt es in dieser Mischung aus Kaufhaus- und Vergnügungspark neben Drogerieartikeln Westernkleidung, Souvenirs, Kunstgalerien und natürlich Essen und Trinken (www.walldrug.com).
Die beste Unterkunft im Park stellt die Cedar Pass Lodge (mit Laden und Lokal) dar, deren kleine Cabins nahe dem Ben Reifel Vistor Center mitten im Park liegen (www.cedarpasslodge.com).

PARKINFORMATIONEN

www.nps.gov/badl, Eintritt: $ 15/Pkw

Ein kurioser Berg, der von den Indianern als heilig betrachtet wird: Der Devils Tower ragt säulenartig über die Prärie im Osten Wyomings heraus (rechts).

33 Devils Tower National Monument

Heiliger Berg der Prärieindianer

Die Prärieindianer erklären sich die Form des Devils Tower mit einem alten Märchen: Einige Indianermädchen waren auf der Flucht vor einem großen Bären, als ihnen der Große Geist zur Hilfe kam. Er ließ unter ihren Füßen einen Fels aus dem Erdboden wachsen; an dessen steilen Wänden versuchte der Bär vergeblich hochzuklettern und kratzte dicke Rillen hinein. Die Mädchen jedoch waren hoch oben gerettet.

Wer in den Weiten der nordamerikanischen Prärie im Osten Wyomings unterwegs ist, erblickt den Devils Tower schon in der Ferne. Wie ein Monolith ragt er aus dem Grasland heraus, erinnert von der Form her an einen Baumstumpf und ist mit charakteristischen senkrechten Rinnen überzogen. Diese ungewöhnliche Form hat dafür gesorgt, dass nicht nur die Indianer den Berg als heilig betrachteten, sondern der Devils Tower auch schon früh unter Schutz gestellt wurde. Eine kurze Stichstraße führt vom Highway 24 zu dem National Monument hin und endet an einem kleinen Besucherzentrum, das über die geologische Entstehung des Felsens aus Vulkanmagma ebenso informiert wie über die Bedeutung des Monuments als heiliger Ort der Indianer.

Er steht knapp 400 Meter über der Talsohle und 264 Meter über dem Besucherzentrum, absolut gerechnet erreicht der eigenartige Berg eine Höhe von rund 1600 Metern und überragt damit sogar die benachbarten Black Hills, die heiligen Berge der Prärieindianer. Entstanden ist er durch starke Erhitzung im Erdinnern, die zum Auswurf metamorphen Gesteins entlang einer geologischen Bruchlinie geführt hat. Dass die Felswände des Devils Tower säulenartig gestaltet sind, geht etwa 60 Millionen Jahre zurück. Damals drückte sich Magma durch die Erdschichten. Diese erodierten im Laufe der Zeit und ließen lediglich den Lavakegel übrig, dessen Außenhaut säulenförmig erstarrte. Herablaufendes Wasser verstärkte die Rillen im Fels.

Unterwegs am ersten National Monument

1906 hatte US-Präsident Theodore Roosevelt den Devils Tower zum ersten National Monument der Welt erklärt. Er hatte nicht nur die geologische Beson-

derheit des Naturdenkmals erkannt, sondern wusste auch, dass zwar europäische Siedler ihn »Turm des Teufels« getauft hatten, er den Indianern jedoch heilig war. Letztere nennen den Ort auch *Bear Lodge* (Bärenhütte) – *Mato Tipila* in der Sprache der Lakota-Sioux oder *Nakovehe* in derjenigen ihrer befreundeten Nachbarn, der Cheyenne. Bis heute halten besonders in den Sommermonaten die Prärieindianer hier religiöse Zeremonien ab, und wer auf den Trails um den Felsen unterwegs ist, stößt immer wieder auf bunte Tücher und andere Kunstwerke an Bäumen, die Zeugnis davon ablegen.

Aufgrund seiner Steilwände gilt der Devils Tower als Mekka für Extrembergsteiger, weshalb es immer wieder zu Konflikten kommt. Kletterer, die in den Felswänden hängen, um ihre Kräfte zu erproben, werden von den Indianern eher ungern gesehen. Um den Streit zu entkräften, appelliert die Parkverwaltung an die Climber, zeitweise, besonders im Sommer, wenn die indianischen Hauptfeste anstehen, freiwillig aufs Klettern zu verzichten, was diese im Allgemeinen auch tun.

Der Tower Trail führt etwa zweieinhalb Kilometer um den Fuß des Felsens herum. Zunächst geht es über ein mächtiges Geröllfeld, das die Vergänglichkeit des Felsens demonstriert. Immer wieder brechen nämlich Teile aus den gerillten Wänden. Weiter geht es durch einen Wald und vorbei an Informationstafeln, die Erklärungen zu Flora und Fauna, Gestein und Geschichte geben. Immer entlang dem Fuß des Hügels öffnen sich ständig neue Aussichtspunkte, von denen sich einerseits das ständig wechselnde Farbenspiel des Felsens, andererseits der Ausblick auf die umgebenden Black Hills genießen lässt. Etwa fünf Kilometer lang ist der zweite Wanderweg, der Red Beds Trail, der in größerem Abstand um den Devils Tower herumführt und von dem weitere Trails in die Umgebung abzweigen.

ABSTECHER ZUM BUFFALO ROUNDUP

Jedes Jahr im September pilgern Menschen aus aller Welt in den Custer State Park, einen Naturpark in den nahen Black Hills. An diesem Ort, der den Indianern ebenfalls heilig ist, wollen sie das große Buffalo Roundup (http://gfp.sd.gov/calendar.aspx) miterleben. Dabei wird von der Parkverwaltung mit Jeeps und unter Mithilfe ausgewählter Cowboys und -girls zu Pferde die Bisonherde zur Sichtung und Kontrolle zusammengetrieben. Dieses Ereignis stellt den Höhepunkt einer dreitägigen Veranstaltung mit Kunsthandwerksmarkt und Programm unter Schirmherrschaft des Gouverneurs dar. Die heute rund 1500 Stück Vieh umfassende Bisonherde im Custer State Park geht auf eine erfolgreiche Wiederansiedelungsaktion Anfang des 20. Jahrhunderts zurück.

PARKINFORMATIONEN

www.nps.gov/deto, Eintritt: $ 10/Pkw

34 Tallgrass Prairie National Preserve

Ein Meer voller Gräser

Man kann sich heute kaum vorstellen, wie groß der Schock war, den weiße Siedler auf dem Weg nach Westen empfanden, als sie zum ersten Mal auf das »Meer voller Gräser« blickten. Menschen, die Wald und durch Zäune und Hecken begrenztes Land gewohnt waren, standen plötzlich vor der endlosen Weite des Graslandes. Die anfängliche Ehrfurcht hielt jedoch nicht lange an, der Großteil der Prärie geriet unter den Pflug oder wurde von den Hufen von Rindern oder Schafen abgeweidet und zertrampelt.

Heute sind von den einst 46 Millionen Hektar *Tallgrass Prairie* nur noch wenige unberührte Prärielandstriche zu finden. In den Flint Hills im Osten des Bundesstaats Kansas gibt es ein solches Areal. Sein Zentrum bildet das sogenannte Tallgrass Prairie National Reserve, ein über 3600 Hektar großes Naturschutzgebiet, das einst Teil der historischen Spring Hill Ranch war. Drei Faktoren braucht das Grasland zum Überleben, und diese sind hier gewährleistet: regelmäßige Brände, konstanter Wechsel zwischen Trocken- und Feuchtzeiten und eine gleichmäßige Beweidung, wie sie eine Bisonherde gewährleistet.

PARKINFORMATIONEN:

www.nps.gov/tapr, Eintritt frei, Museum im alten Ranchhaus, Veranstaltungen und Rangertouren.

»Ein Meer voller Gräser« – so bezeichneten die ersten Siedler die Prärie im Osten von Kansas, in den Flint Hills. Mit 3600 ha wurde hier ein Teil der früher riesigen »Tallgrass Prairie« unter Schutz gestellt.

35 San Antonio Missions National Historical Park

Texas' europäische Wurzeln

An der Schleife des San Antonio River war 1718 die spanische Mission San Antonio de Valero – bekannt als Alamo – gegründet worden; vier weitere – La Concepción, San José, San Juan Capistrano und Espada – folgten. Ihre Überreste legen als San Antonio Missions National Historical Park Zeugnis von der europäischen Besiedelung von Texas ab. Spanische Franziskaner hatten nicht nur Pferde, sondern auch die Rinderzucht in einem Land eingeführt, das beherrscht war von wilden Tieren und feindlichen Indianern. So waren die Mönche und ab 1821 auch die Regierung des unabhängigen Mexiko froh, als sich im Laufe des 19. Jahrhunderts vermehrt Gringos niederließen, darunter auch viele Deutsche. Weltberühmt wurde The Alamo, als am 6. März 1836 mexikanische Truppen im texanischen Unabhängigkeitskrieg die von einer Handvoll Freischärler verteidigte Mission einnahmen. Das Massaker wurde wenige Wochen später von den Texanern in der Schlacht am San Jacinto mit dem Ruf *Remember the Alamo!* gerächt. Bis 1845 war Texas unabhängig, dann wurde es Teil der USA.

PARKINFORMATIONEN:
www.nps.gov/saan, freier Eintritt

In der sehenwerten texanischen Stadt San Antonio wurden mehrere von Franziskanern gegründete Missionen entlang dem Mission Trail unter Denkmalschutz gestellt.

Ein erinnerungswürdiger Ort ist das Little-Bighorn-Schlachtfeld, auf dem General Custer vernichtend von den Indianern unter Sitting Bull und Crazy Horse geschlagen wurde.

36 Little Bighorn Battlefield National Monument

Legendäres Schlachtfeld

Mitten in den Weiten der Prärie, im Süden des Bundesstaats Montana, auf dem Land der Crow-Indianer, erinnert das Little Bighorn Battlefield National Monument an eine der legendärsten Schlachten zwischen US-Armee und Sioux-Indianern. Im Grunde war es an diesem 25. Juni 1876 nicht die Niederlage der Armee an sich, die der Auseinandersetzung zu Aufmerksamkeit in den Geschichtsbüchern verhalf, sondern der Umstand, dass Befehlshaber George Custer, ein ebenso schillernder wie umstrittener Offizier, vernichtend von den von Crazy Horse und Sitting Bull angeführten »Wilden« geschlagen wurde. Die schon Tage nach dem Ereignis aufkommenden Mythen, die General Custer und seine Männer zu Helden machen sollten, wurden mittlerweile durch archäologische Forschungen infrage gestellt.

Im Besucherzentrum kann man sich eine Karte besorgen, dazu gibt es eine Audiokassette, die während der Rundfahrt über das Schlachtfeld die einzelnen Punkte erläutert. Am *Last Stand*, wo Custers Truppen angeblich ihre letzte Stellung bezogen hatten, befindet sich ein Museum, das sich näher mit den Hintergründen und Widersprüchen der Schlacht befasst.

PARKINFORMATIONEN:
www.nps.gov/libi, Eintritt: $ 10/Pkw

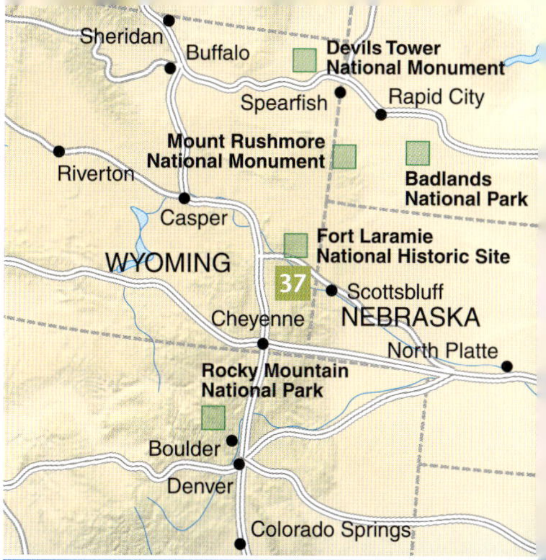

37 Fort Laramie National Historic Site

Außenposten in der Wildnis

Nahe dem Zusammenfluss von North Platte und Laramie River im Osten des heutigen Bundesstaats Wyoming entstand 1834 Fort Laramie, ursprünglich ein Handelsstützpunkt der American Fur Company. Als immer mehr Siedler, Postkutschen und kurzfristig auch der Pony Express durch das Areal zogen, entschied sich die US-Regierung, den Posten zu kaufen und daraus einen Militärstützpunkt zu machen. Ab 1849 spielte Fort Laramie nicht nur als Versorgungspunkt und zum Schutz der Siedlertracks eine bedeutende Rolle in der Geschichte der Besiedelung des Westens, hier ratifizierte man auch wichtige Verträge mit den Indianern, so 1868 den sogenannten Vertrag von Laramie. Mit der Fertigstellung der transkontinentalen Eisenbahnlinie 1869 ebbten die Siedlertrecks ab, und da sich auch die Kämpfe mit den Indianern um 1880 ihrem Ende näherten, verlor das Fort an Bedeutung und wurde zehn Jahre später geräumt. Heute sind noch 22 der ehemals 67 Gebäude erhalten und die meisten können besichtigt werden. Besonders empfehlenswert sind die Ranger-Touren, die einen guten Überblick über die Geschichte der Trails, die Ausdehnung nach Westen sowie das militärische Leben geben.

PARKINFORMATIONEN:
www.nps.gov/fola, $ 3 pro Person

Fort Laramie war erst eine Pelzhandelsstation, dann ein wichtiger Militärstützpunkt. Soldaten sicherten die in den Westen strömenden Siedlertrecks vor den Indianern.
Oben: Das Haus des Kommandanten.
Links: Die Offiziersmesse.

Der dichter besiedelte Osten der USA wird anders als der Westen nicht sofort mit Natur und ausgedehnten Parks in Verbindung gebracht. Dennoch gibt es auch hier Schutzgebiete, wie die Blue Ridge Mountains oder die Everglades, deren Besuch lohnt.

Der Osten

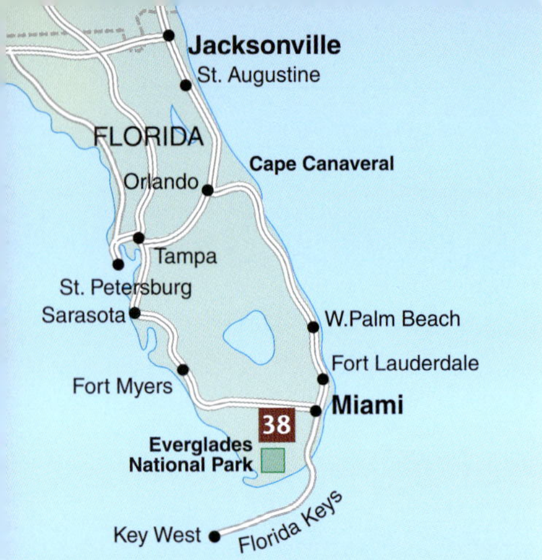

Der Everglades National Park an der Südspitze Floridas ist der Rest einer einzigartigen Sumpf- und Marschlandschaft, die seit 1947 unter Schutz steht. Fischerreiher (oben) finden hier reichlich Nahrung.
Rechte Seite: Luftansicht von den 10 000 Inseln im Süden von Marco Island.

38 Everglades National Park

Schwimmendes Land in Südflorida

Es hat lange gedauert, bis die europäischen Siedler und ihre Nachkommen die Bedeutung der Everglades für das Ökosystem erkannten. Um 1900 hatte man nämlich erst einmal damit begonnen, den »wertlosen Sumpf« trockenzulegen, um Land zu gewinnen. Für die Seminole-Indianer hingegen war und ist das ausgedehnte Sumpf- und Marschland, das einst die ganze Südspitze Floridas bedeckte, immer ihre geschätzte Heimat.

Die Liebe der Seminolen zu ihrem Land teilten zuletzt auch eine Reihe von Naturschützern. Ihnen gelang es in den 1930er-Jahren, die US-Regierung davon zu überzeugen, das verbliebene Sumpf- und Marschland endlich unter Schutz zu stellen. 1947 wurde der Everglades National Park eingerichtet, um die subtropische Wildnis mit ihren Mangrovensümpfen, Wäldern, Marschland und Grasflächen, wo zahllose Tierarten leben, vor weiterer zerstörerischer Landnahme zu bewahren.
Einst erstreckten sich die Everglades über 160 Kilometer vom Lake Okeechobee in Zentralflorida bis zum Golf von Mexiko. Sie maßen teilweise bis zu 65 Kilometer in der Breite und umfassten einmal eine Fläche von über 10 000 Quadratkilometern. Der Nordteil war bereits mit Kanälen trockengelegt worden und diente wegen seiner fruchtbaren Böden als Farmland. Lediglich der Südteil konnte als Naturpark gerettet werden. Dennoch ist der Everglades National Park heute mit über 6000 Quadratkilometern Fläche nach dem Death Valley und dem Yellowstone der drittgrößte Nationalpark der kontinentalen USA. Daneben ist das Ökosystem der Everglades so kostbar, dass der Naturpark sowohl zum Weltkulturerbe als auch zum Feuchtgebiet internationaler Bedeutung und zum internationalen Biosphärenreservat erklärt wurde.

Ein einzigartiges Ökosystem

In der Tat stellt das Areal im Südwesten Miamis eine einzigartige subtropische Wildnis dar: Mangrovensümpfe und Marschland wechseln sich mit Wäldern aus Palmen, Eichen, Pinien, Mahagoni und Zypressen ab; dazu gibt es Grasprärien. Selten gewordene Tierarten wie der Florida Panther oder die Manatees (Seekühe), aber auch Schwarzbären, Schildkröten, Alligatoren und eine große Zahl von Vögeln wie Pelikane, Enten, Reiher,

Alligatoren sind das Aushängeschild der Everglades, doch in der uppigen Sumpfvegetation findet auch eine Vielzahl von Vögeln, etwa Silberreiher (oben) und Kormorane, Amphibien und Säugetieren ein Rückzugsgebiet.
Rechte Seite: Big Cypress Swamp.

Kraniche oder Ibisse haben sich hierher zurückgezogen.

Die Everglades bildeten sich einst in einem flachen Kalksteinbassin, das sich sanft zum Golf hin absenkt. Da die über 1400 Millimeter an jährlichen Niederschlägen wegen einer aus uralter verfaulter Vegetation entstandenen Kalkschicht nicht im Boden versickern können, fließt das Regenwasser als breiter, nur wenige Zentimeter tiefer und kaum wahrnehmbarer Strom durch die Everglades zum Golf oder verdunstet langsam in der Sommerhitze. Ein Jahrhundert der Trockenlegung, Landgewinnung und Bewässerung hat das einzigartige Ökosystem jedoch durcheinandergebracht. Zudem ist der Wasserfluss inzwischen drastisch zurückgegangen, das Salzwasser drückt ins Inland und bewirkt ökologische Veränderungen, dazu kommt aus dem umgebenden Agrarland ausgeschwemmter Dünger. Inzwischen hat man die Problematik erkannt: Durch Landkauf im Parkumland gewann man weitere Schutzgebiete, die renaturiert wurden und den Wasserhaushalt regulieren sollen.

Von Gators und Manatees

Alligatoren sind das Symboltier der Everglades. *Gators* gehören zur Familie der Krokodile (crocodylus), unterscheiden sich jedoch von diesen durch eine breitere Schnauze mit einer Tasche im Oberkiefer, die einen speziellen, vergrößerten vierten Zahn aufnimmt. Gator-Weibchen werden bis zu drei, Männchen bis zu vier Meter lang. Im späten Frühjahr legen die Weibchen 50 bis 100 Eier in ein kunstvoll überdecktes und streng bewachtes Nest, und nach gut zwei Monaten schlüpfen 20 Zentimeter lange Jungtiere aus. Diese sind zwar sofort selbstständig und wachsen schnell, haben jedoch allerhand Feinde. Jene, die ihre Jugend überleben, können 50 Jahre alt werden.

Kaum zu Gesicht bekommen Besucher ein anderes prägendes Tier der Region: die Manatees. Diese zur Gattung der Seekühe (*sirenia*) gehörenden Säugetiere zeichnet eine scheinbar unerschütterliche Ruhe und Gelassenheit aus. Die mächtigen, bis zu viereinhalb Meter langen und bis 1600 Kilo schweren Tieren tragen ein Fell, haben zwei Vorderflossen und einen kräftigen flachen Schwanz. Die Weibchen gebären nach einjähriger Schwangerschaft im Frühjahr meist ein Junges, das lange gesäugt wird. Da die Tiere schlecht hören, sind Verletzungen durch Bootspropeller häufig, und erst in letzter Zeit beginnen Kampagnen zum Schutz des gefährdeten Bestandes Früchte zu tragen.

Über die Bedeutung des Sumpfgebiets, das einst ein Drittel Floridas bedeckte, informieren insgesamt fünf Besucherzentren. Die meisten der jährlich über eine Million Besucher gelangen über die einzige Zufahrtsstraße in den Park. Diese zweigt vom US Highway 1 südlich von Miami in das Sumpfgebiet ab. Gleich an der Zufahrt liegen das Ernest Coe Visitor Center und die Park Headquarters. Von hier zieht sich die Straße südwestwärts durch das Naturschutzgebiet, passiert zahlreiche *Trailheads*, Aussichtspunkte und andere Natursehenswürdigkeiten, und endet in dem Ort Flamingo, wo sich wiederum ein Besucherzentrum und Gelegenheit zum Campen in Sichtweite zu den Florida Keys bietet. Von hier aus

lassen sich auch Tagesbootstouren mit Parkrangern in das Sumpfgebiet unternehmen.

Heimat der Unbeugsamen

Stolz sind die Seminole-Indianer noch heute darauf, dass ihre Vorfahren niemals von Weißen besiegt oder unterworfen wurden. An die 2000 Nachkommen der »Unbeugsamen« leben derzeit auf Reservatsland in Florida, vor allem im Gebiet der Everglades um den Nationalpark. Weder Spanier noch Briten legten sich mit den Indianern, die als Jäger und Bauern lebten, an, sie waren vielmehr bemüht um ein ein friedliches Nebeneinander.
Erst mit steigendem Bevölkerungsdruck und als 1819 die USA Florida von den Spaniern erwarben, kam es zu Konflikten. Streitigkeiten um Land und die Tatsache, dass entlaufene Sklaven bei den Seminolen eine neue Heimat fanden, führten zu insgesamt drei militärischen Auseinandersetzungen: 1816–18, dann 1835–42 und auch 1855–58. Obwohl viele Seminolen nach Oklahoma zwangsumgesiedelt wurden und einige der bekannten Führer wie Osceola und Cooacoochee umkamen, blieben zahlreiche Indianer in ihrer angestammten Heimat und zogen sich lediglich tiefer ins Sumpfland zurück.
Erst im 20. Jahrhundert garantierte ein Friedensvertrag den Nachfahren der Unbesiegbaren ihr eigenes Land in drei Reservaten am Lake Okeechobee, in Hollywood (nördlich von Miami) und am Big Cypress Swamp (nördlich der Everglades). 1957 wurde der Stamm von den USA als eigenständige Nation anerkannt, von der sich vier Jahre später der Stamm der Miccosukee abspaltete.
Bis heute haben sich die Unbeugsamen trotz moderner Errungenschaften wie Autos, Motorboote oder Fernsehen ihre traditionelle Lebensweise erhalten.
Obst- und Gemüseanbau sowie Viehzucht stellen neben dem Tourismus die Lebensgrundlage.

BILLIE SWAMP SAFARI

»Che hun ta mo – Hallo!« In der Big Cypress Seminole Indian Reservation nördlich der Everglades betreiben die Indianer Billie Swamp Safari, eine Art Vergnügungspark, der sich als ökologischer Freizeitpark versteht. Fahrten in das Sumpfland – sowohl Ökotouren als auch solche mit lauten Airboats – oder Vorführungen mit Alligatoren stehen hier auf dem Programm. Dazu gibt es eine einzigartige Übernachtungsmöglichkeit: in *Chickees*, traditonellen Seminole-Hütten. Eine Cafeteria bietet Seminolen-Spezialitäten wie *Swamp Cabbage* an, und im Laden gibt es vielerlei Souvenirs.
Billie Swamp Safari,
www.swampsafari.com,
Tel. 001-863-983-6101

PARKINFORMATIONEN

www.nps.gov/ever, Eintritt: $ 10/Pkw

Der Great Smoky Mountains National Park »Ort des ewig blauen Rauches«, bildet in den Blue Ridge Mountains eines der größten zusammenhängenden Waldgebiete der USA. Rechte Seiten, oben und unten: Herbstliche Landschaft von Cades Cove.

39 Great Smoky Mountains National Park

Ort des ewig blauen Rauchs

Shaconage, Ort des ewig blauen Rauchs, nannten die Cherokee-Indianer ihre alte Heimat, die heute teilweise als Great Smoky Mountains National Park unter Schutz steht. Wer an einem sonnigen Herbstmorgen auf einem der Hügel steht, versteht, warum: Bläulich schimmernd steigen die Nebelschwaden langsam aus den Tälern auf, um sich über den bewaldeten Bergen, wie von Zauberhand weggewischt, im Sonnenlicht aufzulösen.

Inmitten der Blue Ridge Mountains, Teil der Appalachen, einer in Nord-Süd-Richtung parallel zur US-Ostküste verlaufenden Bergkette, breitet sich um den Great Smoky Mountains National Park eines der größten zusammenhängenden Waldgebiete der USA aus. Den besonderen Reiz des Parks, dessen höchster Berg der gut 2000 Meter hohe Clingmans Dome ist, macht seine Lage an der Grenze zwischen südlicher und nördlicher Vegetationszone aus.

In den südlichen Appalachen gedeihen in den Great Smokies über 125 Baum-, 1300 Pflanzen- und 200 Pilzsorten und sind mehr als 200 Vogel- und 27 Salamanderarten zu Hause. Trails laden zu Wanderungen durch die vielseitige Vegetation und zum Kennenlernen der verschiedenen Baumarten (Fichten-, Tannen-, Pinien- und Laubwälder) und der artenreichen Tierwelt – darunter Schwarzbären, Füchse, Raubkatzen, Schildkröten, Truthähne – ein.

Quer durch den 2107 Quadratkilometer großen Park verläuft die Staatsgrenze zwischen North Carolina und Tennessee und trennt ihn in zwei etwa gleich große Teile. Über 250 Kilometer Teer- und weitere 150 Kilometer Schotterstraßen sowie an die 1000 Kilometer Wanderpfade erschließen den Wald für Naturliebhaber und locken jährlich fast 9,5 Millionen Menschen an. Der Great Smoky Mountains National Park stößt damit im Sommer immer wieder an die Grenzen seiner Belastbarkeit.

Heimat der Cherokee-Indianer

Unmittelbar vor der südlichen Zufahrt in den Nationalpark erstreckt sich das Reservat von rund 10 000 Cherokee-Indianern. 1838 hatten Mitglieder dieses Stammes in den dichten Wäldern der

In den vor allem im Herbst faszinierend bunt gefärbten Wäldern der Great Smoky Mountains sind die Cherokee-Indianer zu Hause.
Ganz oben: Carter Shields Cabin.
Mitte: Truthahn.
Rechte Seite oben: Blick auf Gatlinburg.

Great Smokies Schutz gesucht und waren so der drohenden Deportation nach Oklahoma, dem Trail of Tears, entgangen. Die USA hatten damals auf Druck von Bodenspekulanten und Siedlern die Indianer des Südostens zur Umsiedelung in den Westen gezwungen. Auf dem von Militär begleiteten Marsch nach Oklahoma kamen über 4000 der 16 000 Cherokee ums Leben – ein dunkles Kapitel in der Geschichte der USA.
Zu Beginn des 20. Jahrhunderts wurden die Nachfahren der Cherokee-Splittergruppe, die sich der Umsiedlung entziehen konnte, als unabhängige Cherokee Nation neben dem Hauptteil des Stammes in Oklahoma anerkannt und leben unter eigenen Gesetzen und mit selbstständiger Verwaltung in dem Reservat zu Füßen der Smokies.

Vom »Mythos Indianer«

Der Ort Cherokee ist die größte der sechs Gemeinden im Reservat und zugleich das Zentrum der Qualla Boundary Cherokee Indian Reservation. Zugegeben, das Dorf hat sich fast völlig dem Tourismus verschrieben und besteht im Prinzip nur aus einer Hauptstraße, an der sich ein Souvenirshop an den anderen reiht, mit weitgehend identischem Angebot. Ob diese totale Vermarktung des »Mythos Indianer« und die dadurch klingelnden Kassen als späte Rache der Ureinwohner an den Weißen gedeutet werden muss?
Doch es gibt auch eine andere Seite, nämlich die positiven Bemühungen der Indianer, ihre Kultur zu wahren und Besuchern näher zu bringen. Diese Absicht zeigt das Museum of the Cherokee Indian, in dem die Geschichte des Stammes, deren berühmter Chief Sequoia ein eigenes Cherokee-Alphabet erfand, mithilfe von Schaukästen und verschiedensten Medien eindrucksvoll. Auch das Oconaluftee Indian Village, ein rekonstruiertes Indianerdorf aus der Mitte des 18. Jahrhunderts, gibt Einblick in alte Traditionen und Gebräuche. Dort führen Indianer ihre Talente und Kunstfertigkeit im Maskenschnitzen, Kanubauen, Korbflechten, Tanzen oder Geschichtenerzählen vor und erwecken in dem zugehörigen 2800 Besucher fassenden Freilichttheater mit dem Outdoor-Drama *Unto These Hills* ihre bewegte Vergangenheit von 1540 bis 1838 zu neuem Leben.

Schutz vor Holzfällern

Der Blue Ridge Parkway schlängelt sich über etwa 750 Kilometer durch die südlichen Appalachen, vom Great Smoky Mountains National Park im Süden bis zum Shenandoah National Park in Virginia im Norden. Entlang dieser ab 1935 vom US-Kongress eingerichteten Strecke – ein Mekka für Natur- und Wanderfreunde – reihen sich Naturparks, Aussichtspunkte, historische Hinweisschilder und Besucherzentren. Größere Städte und Topattraktionen sind hingegen rar. Der Great Smoky Mountains National Park wurde schon ein Jahr vor dem Blue Ridge Parkway ins Leben gerufen. Eine blühende Holzwirtschaft hatte damals fast zur Rodung des einzigartigen Waldbestands der Appalachen geführt. Maßnahmen zur Umsiedelung der Holzindustrie in den Westen, vor allem aber der energische Einsatz von Horace Kephart, einem Unternehmer aus

St. Louis, für die Rettung des Waldes, fruchteten: Am 15. Juni 1934 wurde das Areal zum Nationalpark erklärt. Dies war durch Spenden – fünf Millionen Dollar allein von John D. Rockefeller – und Landgeschenke der beiden involvierten Bundesstaaten North Carolina und Tennessee ermöglicht worden.

Wald, nichts als Wald

95 Prozent des Nationalparkareals sind bewaldet, und dank der Vielfalt an Laubbäumen – allen voran Buchen, Eichen, Birken, Rosskastanien und verschiedene Ahornarten – kann der Park während der Herbstlaubfärbung sogar mit den berühmten bunten Wäldern Neuenglands konkurrieren. Trotzdem sind die Great Smokies vor Umweltschäden nicht gefeit: Im Sommer, wenn die Luftzirkulation gering ist, mischt sich weißlicher Smog aus Südstaatenmetropolen wie Atlanta zwischen die natürlich blauen Nebelschwaden.

Die New Found Gap Road (US-Highway 441) bildet die Hauptachse durch den Park und verbindet Cherokee/North Carolina im Süden mit Gatlinburg/Tennessee im Norden. Sie führt über den New Found Gap (1539 Meter) und bietet von dort einen spektakulären Ausblick auf die Berge und Wälder des Naturparks. Von ihr zweigen verschiedene Nebenrouten ab, die Besuchern mit mehr Zeit Gelegenheit bieten, tiefer in die Bergwelt einzutauchen. In drei Besucherzentren, – dem Oconaluftee Visitor Center am Südzugang in North Carolina, dem Sugarlands Visitor Center an der Nordzufahrt und dem Cades Cove Visitor Center im Westen (beide in Tennessee), erhält man kostenlos Kartenmaterial sowie Informationen und Hinweise zu Veranstaltungen ebenso wie zu Touren, Camping, Wanderungen und sonstigen Aktivitäten. Dazu gehören auch informative Vorträge und interessante Führungen der Park Ranger.

EIN LUFTKURORT MIT SCHLOSS

The Quiet Pleasure wird der Luftkurort Asheville mitten in den Blue Ridge Mountains, nahe dem Great Smoky Mountains National Park, genannt. Außer Skifahren, Reiten, Golfen oder Fischen geht man hier einer Tätigkeit nach, die Tradition hat: sich an erholen. Ende des 18. Jahrhunderts gegründet, gewann die Stadt erst 1880 mit dem Bau der Eisenbahn an Bedeutung und erlebte Anfang des 20. Jahrhunderts einen Boom als Kurort. Bedeutendster Bürger der Stadt war der Schriftsteller Thomas Wolfe, dessen Geburtshaus zu besichtigen ist. Die sehenswerteste Attraktion des Ortes liegt jedoch vor den Toren der Stadt: Biltmore Estate. Das monumentale Schloss mit Gärten, Weingut, Nebengebäuden und Hotel war im Besitz einer der reichsten Familien der USA, der Vanderbilts.

Infos zu Asheville/NC:
www.exploreasheville.com;
zu Biltmore Estate: www.biltmore.com

PARKINFORMATIONEN

www.nps.gov/grsm, Zugang frei

750 km lang schlängelt sich der Blue Ridge Parkway vom Shenandoah National Park in Virginia bis zum Great Smoky Mountains National Park in North Carolina durch die südlichen Appalachen. Rechte Seite: Pinnacle Overlook.

40 Blue Ridge Parkway

Fahrt durch die »Blauen Berge«

Der Blue Ridge Parkway ist keine gewöhnliche Straße, auf der man schnell und bequem von Punkt A zu Punkt B gelangt. Es handelt sich um eine altertümliche Landstraße im wahrsten Sinne des Wortes. Hier fährt man gemächlich durch Natur- und Agrarlandschaften, überholt nicht, sondern hält an jeder Ecke, um die Natur abseits von großstädtischer Hektik und modernem Trubel zu genießen.

Der Blue Ridge Parkway schlängelt sich über rund 750 Kilometer durch die südlichen Appalachen. Er beginnt im Norden an der Grenze zum Shenandoah National Park im Bundesstaat Virginia und endet im Great Smoky Mountains National Park in North Carolina im Süden. Rechnet man den Skyline Drive durch den Shenandoah im Norden und die Newfound Gap Road, die südwärts weiter durch den Great Smoky Mountains National Park verläuft, hinzu, kommt man auf mehr als 1000 Kilometer Landstraße, die sich überwiegend auf dem Bergkamm des Appalachen-Gebirges entlangzieht.

Die Straße war in den 1930er-Jahren als Arbeitsbeschaffungsmaßnahme im Rahmen des sogenannten *New Deal* unter Präsident Franklin D. Roosevelt entstanden. Sie konnte jedoch erst 1987 mit der Passage beim Grandfather Mountain in North Carolina fertiggestellt werden. Entlang der Strecke, die dem Nationalparksystem zugeordnet wurde, reihen sich Naturparks, Aussichtspunkte, historische Hinweisschilder und Besucherzentren aneinander. Größere Städte und Sehenswürdigkeiten findet man hingegen kaum. Der Parkway ist, sofern es die Wetterbedingungen erlauben, ganzjährig geöffnet, die Höchstgeschwindigkeit für Pkws beträgt auf der ganzen Strecke nur 45 Meilen (72 km/h).

Mekka für Natur- und Wanderfreunde

Direkt an der zweispurigen Route existiert keine nennenswerte Infrastruktur, sieht man von ein paar Shops, Tankstellen und vier Lodges ab. Da der Parkway zumeist höher gelegene Regionen passiert, sind abrupte Wetterwechsel selbst im Sommer keine Seltenheit. Die üppige Vegetation deutet an, wie feucht das Klima hier ist, dieses hat aber auch zur Folge, dass es oft bewölkt, neblig oder regnerisch – und damit kühl – ist. Die empfehlenswerteste Reisezeit ist der frühe Herbst, wenn die Tage noch warm sind und die Laubfärbung einsetzt. Wenn morgens die Nebelschwaden über den

Tälern liegen, die Berge von den ersten Sonnenstrahlen erleuchtet werden und das Laub seine warmen Rot- und Gelbtöne zeigt, präsentieren sich die Blauen Berge von ihrer schönsten Seite.
Die Strecke führt durch fast unberührte Natur- und Agrarlandschaft und gilt als Mekka für Natur- und Wanderfreunde. Um den gesamten Parkway abzufahren, muss man mindestens drei Tage einplanen. Wenige Kilometer südlich des Startpunkts bei Waynesboro/Virginia liegt das Humpback Rocks Visitor Center, in dem man sich mit Infos über Route und Umgebung eindecken kann. Vorbei am Sherando Lake, durch die George Washington und Thomas Jefferson National Forests, via Otter Creek und James River Visitor Center, erreicht man Peaks of Otter, wo eine der vier Lodges an der Route sowie Restaurant, Shop, Tankstelle und Campingplatz zu finden sind.
Nach dem Rocky Knob Visitor Center südlich der Kleinstadt Roanoke (Virginia) wird die Landschaft zunehmend von der Landwirtschaft geprägt. Bei Cumberland Knob, schon in North Carolina, befindet sich der Besucher auf rund 860 Metern Höhe. Dort beginnt der bergigste Teil der Route, Ausgangspunkt für besonders schöne Wanderwege. Erfahrene Wanderer können übrigens auch die gesamte Strecke ablaufen, da der von Massachussetts nach Alabama reichende Appalachian Trail parallel zur Straße verläuft. Der Blue Ridge Parkway passiert vor Asheville den Mount Mitchell, den mit über 2000 Metern höchsten Berg östlich des Mississippi; er ist über eine steile Stichstraße erreichbar. Vorbei an Asheville erreicht man das Ende des Parkways vor der Zufahrt in den Great Smoky Mountains National Park im Reservat der Cherokee-Indianer.

AUSFLUG ZUR NATURAL BRIDGE

Bei der Natural Bridge handelt es sich um ein sehenswertes Naturdenkmal nahe dem Startpunkt des Blue Ridge Parkway, südlich der Ortschaft Lexington/Virginia. Die 65 Meter hohe, rund 40 Meter starke und etwa 100 Meter breite natürliche Felsbrücke über den Cedar Creek, eine Kalksteinformation, ist dadurch entstanden, dass sich über Jahrtausende hinweg der Strom in den Felsen hineingegraben und so einen Durchbruch in Form eines Torbogens geschaffen hat. Sogar Präsident George Washington verewigte sich 1750 mit einer Inschrift im Fels auf der gegenüberliegenden Seite der Brücke. Außer zu diesem Naturdenkmal lohnt eine Tour durch die Natural Bridge Caverns (Höhlen). Im Umkreis ist ein kleiner, touristischer Ort mit weiteren von Menschen gemachten »Attraktionen«, Hotels, Lokalen und Läden entstanden.
Natural Bridge of Virginia, Natural Bridge/VA, www.naturalbridgeva.com, verschiedene Kombitickets.

PARKINFORMATIONEN

www.nps.gov/blri, frei befahrbar

Auf der Bergkuppe der Appalachengebirges wurde 1935 der Shenandoah National Park ausgewiesen. Der Skyline Drive quert den Park und geht südwärts in den Blue Ridge Parkway über.

41 Shenandoah National Park

Die »Tochter der Sterne«

Die Appalachen, in denen der Shenandoah National Park liegt, ist eine Bergkette an der nordamerikanischen Ostküste, die es an Imposanz zwar nicht mit den Rocky Mountains aufnehmen kann, aber landschaftlich trotzdem reizvoll ist. Das Gebirge bildete einst die *Frontier*, die Grenze zwischen den besiedelten Gebieten im Osten und den riesigen unerforschten Landstrichen im Westen.

Im Westen der USA wurde 1935 ein schmaler Streifen auf der Bergkuppe der Appalachen im Westen des Bundesstaates Virginia zum Shenandoah National Park erklärt. Die Region bedeckt eine Fläche von etwa 790 Quadratkilometern und misst von Nordosten bis Südwesten rund 100 Kilometer. Der Park umschließt den drei bis 21 Kilometer schmalen Gipfelbereich der sogenannten Blue Ridge, die ihren Namen von dem bläulichen Dunstschleier erhielt, der fast ständig über der Landschaft liegt. Dieser Gebirgszug erreicht Höhen von rund 1200 Metern, geht nach Osten ins Piedmont-Plateau über und fällt nach Westen ins große Appalachental mit dem Shenandoah River ab.
Die Appalachen ziehen sich als einer der längsten Gebirgszüge der Welt parallel zur Atlantikküste über rund 2400 Kilometer von der kanadischen Provinz New Brunswick im Nordosten über die Neuengland-Staaten, New York, Pennsylvania, Virginia, North Carolina, Tennessee und Georgia bis nach Alabama im Südwesten. Vom Charakter her sind die Appalachen ein Mittelgebirge, und die höchsten Gipfel erreichen kaum 2000 Meter. Auf der Kammhöhe verläuft der Skyline Drive. Diese rund 170 Kilometer lange *Scenic Route*, die 1939 fertiggestellt wurde, geht im Süden in den 750 Kilometer langen Blue Ridge Parkway über, und dieser wiederum verbindet Shenandoah und Great Smoky Mountains National Park miteinander.

Himmelwärts auf dem Skyline Drive

Der kurvige Skyline Drive verläuft überwiegend in 700 bis 1000 Metern Höhe und an vielen Aussichtspunkten bietet sich Gelegenheit, den Blick über das Shenandoah River Valley aus vollen Zügen zu genießen. Der Shenandoah-Park besteht beinahe zur Hälfte aus unzugänglicher Wildnis, durchsetzt von Wasserfällen, Wildblumenwiesen und Bergen, und *Trailheads* an der Straße fordern geradezu dazu auf, tiefer in die Natur vorzudringen. Entlang der Route

gibt es einige Raststätten, Campingplätze, Besucherzentren, und darüber hinaus besteht Gelegenheit zu Abstechern in reizvolle historische Städtchen wie Staunton, Lexington oder Charlottesville.
Erste menschliche Besiedlungsspuren im Shenandoah-Park reichen rund 9000 Jahre zurück. Archäologische Funde – Pfeil- und Speerspitzen aus behauenem Quarzstein sowie Grabhügel – belegen zudem, dass bis vor 500 Jahren Indianer im Shenandoah-Gebiet lebten, vor allem in den Flusstälern auf der Ost- und Westseite der Blue Ridge. Immerhin kommt auch der Name Shenandoah aus der Indianersprache und heißt soviel wie »Tochter der Sterne«.
Die ersten weißen Siedler hatten sich um 1725 niedergelassen, anfangs im Shenandoah-Tal, dann auch im Bergwald. Das hatte zur Folge, dass binnen eines Jahrhunderts die Natur stark in Mitleidenschaft gezogen, Wälder rücksichtslos abgeholzt und Tieren wie Hirschen, Wölfen und Rehen die Lebensgrundlage geraubt wurde. Erst ab etwa 1900 machte sich die Erkenntnis breit, dass die Blue Ridge Mountains ein erhaltenswerter Erholungsraum sind, den es zu schützen gilt, und das geschah schließlich 35 Jahre später. Inzwischen haben sich Flora und Fauna in der Tat erholt und über die Hälfte des Areals gilt wieder als Wildnis.
95 Prozent des Parkgebiets sind von dichtem Mischwald bedeckt, den Rest bilden Wiesen und Hochmoorland.
Wegen der vormaligen Abholzung sind einige endemische Baumarten unwiderruflich verschwunden. Doch immerhin reicht das Spektrum dank der Schutzmaßnahmen noch von Ahorn, Birken, Pappeln über Kiefern und Rotfichten bis hin zu Balsamtannen. Mit der erfolgreichen Wiederaufforstung schuf man auch für Tierarten wie Weißwedelhirsche und Schwarzbären, Luchse, Opossums, Biber, Baum- und Erdhörnchen wieder geeignete Lebensräume.

»ESSAY ON ARCHITECTURE«

Thomas Jefferson (1743–1826) war ein Mann der Visionen und Talente. Er ging nicht nur als einer der Gründerväter der USA, als Verfasser der Unabhängigkeitserklärung und Demokrat der ersten Stunde in die Geschichte ein, er war auch ein Universalgenie, interessiert an Natur und Wissenschaften, Technik und Landbau, Architektur und Philosophie. Dass er auch ein Mann der Tat war, zeigt sein Gutshof Monticello (Bild oben) nahe dem Universitätsstädtchen Charlottesville/Virginia. Als *Essay on Architecture* bezeichnete Jefferson dieses von ihm geplante Anwesen – Ausdruck seines Architekturverständnisses und seiner Vorliebe für Innovationen. Darüber hinaus wirkte er als Gärtner und Züchter und schuf mit Monticello ein gelungenes Gesamtkunstwerk.
Thomas Jefferson Visitor Center, www.Monticello.org, Tel. 001-434-984-9822, verschiedene Tickets und Touren

PARKINFORMATIONEN

www.nps.gov/shena, Eintritt: $ 10/Pkw

Wildromantische Klippen, Leuchttürme, Inseln und die Wellen des Atlantiks: Der Acadia National Park ist nicht so sehr spektakulär, sondern bietet vielmehr freundliche Beschaulichkeit, Ruhe und Ausblicke. Ganz oben: Bass Harbor Lighthouse. Oben: Das Harbor Inn in der Frenchman Bay. Rechte Seite: Cadillac Mountain.

42 Acadia National Park

Ein besonderer Fleck Erde

Der Acadia National Park ist ein besonderer Fleck Erde. Hier locken nicht spektakuläre Naturdenkmäler, reißende Wasserfälle, blaue Seen oder tiefe Canyons, hier sind es vielmehr die kleinen und verborgenen Landschaftserlebnisse, die grandiosen Ausblicke und idyllischen Flecken, Ruhe, Frieden und Natur pur, die jährlich über zwei Millionen Erholungsuchende anlocken.

Der Acadia National Park ist der einzige Nationalpark Neuenglands, und sein Hauptteil liegt auf der rund 14 000 Hektar bzw. 26 mal 34 Kilometer großen Mount Desert Island. Diese festlandsnahe Insel ist über eine Brücke südlich von Ellsworth (Maine) erreichbar. 1604 war mit Samuel de Champlain der erste Europäer auf der idyllischen Insel aufgetaucht, doch erst über ein Jahrhundert später kamen die Siedler, die überwiegend vom Fischfang lebten. Als Hauptort der Insel entstand damals Bar Harbor. Lange nur ein kleiner Fischerhafen am Rand der Welt, fungiert das Städtchen heute als Tor zum Nationalpark und als wichtiges Touristenzentrum der Gegend.

Einst Rückzugsidyll der High Society

Das Idyll wandelte sich Mitte des 19. Jahrhunderts: Die Bostoner High Society, inspiriert von Thomas Cole, einem Landschaftsmaler und Mitglied der Künstlergruppe »Hudson River School«, entdeckte die Insel als idealen Erholungsort. Innerhalb nur weniger Jahrzehnte hatten sich reiche Unternehmer, die per Dampfschiff oder Privatjacht herkamen, mehr als 200 extravagante Sommerresidenzen auf der Insel errichten lassen. Bei einem verheerenden Brand 1947 wurden die meisten davon zerstört – und nicht wieder aufgebaut. Schon 1916 hatte sich nämlich Charles W. Eliot, Präsident der Universität Harvard, dafür eingesetzt, dass hier der erste Nationalpark östlich des Mississippi eingerichtet werden sollte. Ihm gelang es auch, nach dem Brand viele Grundstückseigner, allen voran John D. Rockefeller, zu überzeugen, die Insel als private Sommerfrische aufzugeben. Er rief dazu auf, Land zu stiften, und allein Rockefeller sind nicht nur 4400 Hektar an Naturland, sondern zugleich rund 80 Kilometer an Fahr- und Wanderwegen durch den Park zu verdanken.
Vor dem Erreichen von Bar Harbor sollte man am Visitor Center des Acadia National Park in Hulls Cove einen Stopp

Bar Harbor ist der Hauptort im Acadia National Park und bietet nicht nur einige interessante Museen, sondern ist zudem ein perfekter Standpunkt, um die großartige Landschaft zu erkunden und zu genießen. Ganz oben: Blick auf Cadillac Mountain. Oben: Somesville. Rechte Seite: Küste bei Thunder Hole.

einlegen. Es gibt hier nicht nur Tipps aller Art, Pläne und Broschüren, sondern auch einen 15-minütigen einführenden Film. Außerdem stehen in der Hauptsaison verschiedene Ranger-Programme und -Touren, auch Bootstrips, Diashows, Wanderungen und vieles mehr auf dem Programm. Durch den Park führt die rund 50 Kilometer lange Park Loop Road, die mit dem Auto, aber auch per Fahrrad befahren werden kann. Im Sommer gibt es – zur Beschränkung des Individualverkehrs – kostenlose Shuttle-Busse, sogenannte *Island Explorers*, die Bar Harbor mit den wichtigsten Punkten im Park verbinden. Von verschiedenen Parkplätzen und Busstopps führen Wanderwege hinein in die Wildnis, beispielsweise rings um den Long Pond oder Eagle Lake oder aber an die Küste. Ein Höhepunkt ist jedoch die Fahrt – oder Wanderung – hinauf auf den fast 500 Meter hohen Cadillac Mountain. Von dort bietet sich ein spektakulärer Blick über die Insel und die Küstenlandschaft. Bar Harbor ist das infrastrukturell gut ausgestattete Zentrum der Insel, und in der Hauptsaison kann es hier voll werden. Das Leben spielt sich an und um die Main Street ab, wo sich verschiedene Läden, Cafés und Lokale konzentrieren. Im Sommer ist eine Unterkunft ohne vorherige Reservierung kaum zu finden, doch im Herbst kehrt dann wieder angenehme Ruhe ein. Ende Oktober werden buchstäblich die Gehsteige hochgeklappt und viele Hotels, Restaurants und Museen schließen bis zum Frühjahr. Und wenn dann erst eine dicke Schneeschicht die Insel bedeckt, gehört diese wieder ganz den etwa 5000 permanenten Bewohnern.

Doc Abbe und die People of the Dawn

Zu den Sehenswürdigkeiten der Region zählt das im Ortszentrum von Bar Harbor gelegene Robert Abbe Museum, das 2001 in ein umgebautes ehemaliges YMCA-Gebäude aus den 1890er-Jahren, direkt am Village Green, eingezogen ist. Der 1928 erbaute Pavillon direkt an der Parkzufahrt südlich von Bar Harbor fungierte früher als Museum und dient heute noch im Sommer als dessen Filiale. Die Ausstellung basiert auf der Sammlung des Arztes Robert Abbe, der auf der Insel auch ein Sommerhaus besaß. Er interessierte sich für die Vermächtnisse der Ureinwohner, sammelte indianische Artefakte und finanzierte Ausgrabungen. Eine von ihm ins Leben gerufene Stiftung richtet auch heute noch Ausgrabungen in ganz Maine aus, und im Museum gibt es eine archäologische Abteilung und ein von außen einsehbares Labor.

Abgesehen von der indianischen und archäologischen Sammlung Abbes sind die rund 1500 Exponate aus Flechtwerk, die *baskets*, beachtlich. Der Kern geht auf die Korbsammlung einer ehemaligen Lehrerin namens Anne Molloy Howells zurück. Im Zusammenhang damit richtet das Museum jeweils am ersten Samstag nach dem 4. Juli in Kooperation mit der Maine Indian Basketmakers Alliance ein großes Native American Festival mit einem viel besuchten und beachteten Kunsthandwerkermarkt aus.

Mittlerweile sind die Nachkommen der Ureinwohner stark in das Museumskonzept eingebunden. Sie erhielten zudem Gelegenheit, auf ihre gegenwärtige Lage aufmerksam zu machen und ihre Sicht

der Dinge darzustellen. Heute leben wieder über 7200 Indianer in Maine, etwa 0,6 Prozent der Gesamtbevölkerung. Sie nennen sich Wabanki oder People of the Dawn, und setzen sich aus vier Völkern – Maliseet, Micmac, Penobscot und Passamaquoddy – zusammen. In der Orientation Gallery des Abbe Museums geht es um sie, ihre Geschichte und ihr Kunsthandwerk. Ungewöhnlichster Teil des Museums ist jedoch der *Circle of Four Directions* – ein zentraler Raum, in dem regelmäßig indianische Veranstaltungen wie Powwows stattfinden.

Von Fischen und Holzvögeln

In Southwest Harbor, im Süden der Insel bereits außerhalb der Nationalparkgrenzen, lohnt neben dem Mount Desert Oceanarium, das Einblick in die Unterwasserwelt gibt, ein Besuch des W. Gilles Museum. 1981 eröffnet, widmet sich dieses dem lokalen Holzschnitzer William Gilles (1904–1983). Von Beruf Installateur, hatte er 1931 begonnen, Vögel zu schnitzen. Als 52-Jähriger verkaufte er seine Firma und widmet sich fortan ganz seinem Hobby. Rund 10 000 geschnitzte Holzvögel sollen in der Folge entstanden sein, stark inspiriert von einem anderen »Vogelkünstler« namens A. Elmer Crowell (1862–1952). Anders als in Europa gilt die Holzschnitzerei in den USA seit jeher als wichtige Sparte der Volkskunst, was auch die Beliebtheit dieses Museums belegt. Heute arbeitet hier der Künstler Steven Valleau und bietet auch Schnitzkurse für Besucher an.

In Southwest Harbor sollte man noch die wenigen Kilometer zur Südspitze der Insel fahren, denn hier befindet sich in malerischer Lage das Bass Harbor Head Lighthouse. Bei klarem Wetter kann man von diesem Leuchtturm aus die gesamte Inselwelt und den Acadia National Park überblicken.

MAINES FLÜSSIGES GOLD

Wenn die Tage wärmer werden, nachts aber noch Frost herrscht, also Anfang März bis Mitte April, ist in Neuengland die Zeit des Ahornsirups gekommen. Einfach ist die Sirupgewinnung nicht: Das »flüssige Gold« muss in großen Wannen über Holzfeuer langsam eingekocht werden, damit aus rund 40 Litern Baumsaft am Ende ein Liter Ahornsirup herauskommt. Die erreichten Sirupqualitäten oder *grades – fancy* (hell, delikat), *grade A medium amber* (hell, goldfarben, mild), *grade A dark amber* (goldfarben, geschmackvoll) und *grade B* (dunkel, kräftig im Geschmack) – hängen nicht zuletzt vom Zeitpunkt des Zapfens ab. Der Zuckergehalt schwankt, abhängig von klimatischen Faktoren, aber auch vom Alter der Bäume und von der Einkochprozedur.

Infos zu Maines Ahornsirup:
www.mainemapleproducers.com

PARKINFORMATIONEN

www.nps.gov/acad, Eintritt: $ 20/Pkw im Sommer, sonst $ 10

Am Lake Superior, im »Land der glänzenden Wasser« finden sich die bizarren Felsformationen der Pictures Rocks National Lakeshore, einer der wenigen Küstenstreifen, die unter Schutz gestellt wurden. Hier und rechts: Chapel Rock.

43 Pictured Rocks National Lakeshore

Bunte Felsen im »Land der glänzenden Wasser«

In der Abendsonne leuchten die Felsen, die steil, über 60 Meter aus dem türkisfarbenen Wellen des Lake Superior, einem der fünf sogenannten Großen Seen, herausragen, in vielerlei Farben. Diese attraktive Wirkung hat der Pictured Rocks National Lakeshore – bizarren Felsformationen, Klippen, Höhlen und Bögen, die von Wind, Wasser und Eis geformt wurden – auch ihren Namen gegeben.

Wie ein dicker Finger ragt die Michigan Upper Peninsula ostwärts und trennt drei der Großen Seen – Lake Superior im Norden, Lake Michigan im Süden und Lake Huron im Osten – voneinander. Hier oben, im Grenzland zwischen dem US-Bundesstaat Michigan und der kanadischen Provinz Ontario, versteht man, warum die Indianer vom »Land der glänzenden Wasser« sprachen. Egal, an welchem Ufer man steht, auf der Upper Pensinsula hat man immer und überall das Gefühl, auf ein endloses Meer zu blicken.

Die Großen Seen bestimmen Geografie und Klima der Region, denn dieses größte zusammenhängende Süßwasser-Binnensystem der Erde übt einen ausgleichenden Klimaeffekt aus, indem es als Wasser- und Wärmespeicher fungiert. Bei einer Fläche von insgesamt rund 245 000 Quadratkilometern – mit 82 000 ist der Lake Superior der größte See – kommen hier unvorstellbare Wassermassen, rund 15 Prozent der globalen Süßwasserreserven, zusammen. Selbst der kleinste der fünf Seen, Lake Ontario, ist mit seinen 20 000 Quadratkilometern immerhin noch rund 36-mal größer als der Bodensee.

Ein Nationalpark, der eigentlich eine Küste ist

Stolze 2700 Kilometer Uferlinie weist die Upper Pensinsula auf, großteils gesäumt von dichten Wäldern, die im Herbst für ein herrliches Farbschauspiel sorgen. Viele Areale waren in der Vergangenheit großzügig abgeholzt worden, doch mittlerweile wurde wieder aufgeforstet und große Teile stehen unter Naturschutz, etwa der Hiawatha National Forest mit seinen rund 360 000 Hektar Fläche. Der beschauliche Hafenort Munising gilt nicht nur wegen Grand Island und Pictured Rocks National Lakeshore als günstiger Standpunkt. Er ist gleichermaßen beliebt bei Erholungsuchenden wie bei Outdoor-Fans. Die dichten Wälder, Wasserfälle und die atemberaubende Felsenküste sind ideal zum Campen, für Wanderungen, Bootsausflüge oder,

im Winter, für Schneeschuhtouren oder Fahrten mit dem Hundeschlitten.
1966 hat man einen rund 70 Kilometer langen Uferstreifen der Upper Peninsula östlich von Munising zur ersten *National Lakeshore* erklärt, zum Nationalpark, der einen Küstenstreifen umfasst. Inzwischen gibt es drei weitere solcher Schutzgebiete im Nationalpark-System: Apostle Islands am Lake Superior sowie Indiana Dunes und Sleeping Bear am Lake Michigan. Die 295 Quadratkilometer, die Pictured Rocks umfasst, werden alljährlich von etwa 400 000 Naturfreunden besucht.
Bizarr geformte Sandsteinklippen, Dünen und Sandstrände, Binnenseen und Wälder, Wasserfälle und Flüsse sind Teile dieses vielseitigen Naturparks. Auch wenn der Wellengang des Lake Superiors für Anfänger durchaus etwas angsteinflößend sein kann, ist eine Kajaktour ein unvergleichliches Erlebnis, besonders im Angesicht der malerischen, wild zerklüfteten Felswände des Pictured Rocks National Lakeshore, die sich im tiefblauen Gewässer spiegeln. Mindestens ebenso lohnend aber ist, den Sonnenuntergang von dem Aussichtspunkt direkt oberhalb der Klippen, nahe dem Besucherzentrum des Parks zu genießen.
Auf der Upper Pensinsula laufen die Uhren langsamer, ist alles gemütlicher. Die *Yoopers*, wie man die Einheimischen nach der Abkürzung »U.P« für Upper Peninsula nennt, treffen sich gern in den gemütlichen Kneipen zu Bier und *Pasty*. Diese Spezialität der Region kommt ursprünglich aus dem englischen Cornwall und war ein Resteessen im Henkelmann, das die Frauen ihren in den Minen arbeitenden Männern mitgaben. Die *Yoopers* verstehen darunter jedoch heute eine sättigende und schmackhafte Pastete mit Fleisch, Steckrüben, Zwiebeln und Kartoffeln.

OUTDOOR-MEKKA MUNISING

Am westlichen Rand des Pictured-Rocks-Naturschutzareals liegt die kleine Hafenstadt Munising, die nicht nur im Sommer Wanderer, Kajakfahrer oder Climber anlockt, sondern auch im Winter perfekt ist für Skifahrer, Schneeschuhläufer und für Schlittenhundefahrten. Der ehemalige Lehrer Carl Hansen bietet faszinierende Kajaktrips unterschiedlicher Länge entlang der Küste des Lake Superior an (www.northernwaters.com).
Die Pictured Rocks Shipwreck Tours (www.shipwrecktours.com) fahren mit Glasbodenbooten zu verschiedenen Schiffswracks, die auf dem Grund des Lake Superior liegen.
Infos zu Munising:
www.exploremunising.com
sowie www.munising.org

PARKINFORMATIONEN

www.nps.gov/piro, freier Eintritt

Der Cuyahoga Valley National Park ist einer der jüngsten Parks in den USA. Mit ihm wurde ein altes Industriedenkmal, der Ohio & Erie Canal, unter Schutz gestellt und renaturiert. Ganz oben: Fischreiher. Oben: Brandywine Falls. Rechte Seite: Brandywine Creek. Rechts oben: Blick über Tinkers Creek Gorge.

44 Cuyahoga Valley National Park

Ein Kanal wird zum Denkmal

Man kann es kaum glauben, und doch ist es keine Fata Morgana: Zwischen den beiden dicht besiedelten, von Industrie und Autobahnen geprägten Metropolen Cleveland und Akron präsentiert sich mitten im Bundesstaat Ohio eine ganz andere Welt: Im Cuyahoga Valley National Park strahlen sanfte Hügel, tiefe Wälder und Ackerland Ruhe und Beschaulichkeit aus und bieten sich perfekt zum Erholen an.

Erst 2000 zum Nationalpark ernannt, gehört der Cuyahoga Valley National Park zu den jüngsten Schutzgebieten in den USA. Allerdings hat er sich dank seiner Nähe zu Metropolen wie Cleveland oder Akron und als einziger Naturpark im Bundesstaat Ohio mit etwa 2,5 Millionen Besuchern bereits zu einem beliebten Naherholungsziel gemausert. Anders als bei den meisten anderen Nationalparks wird hier jedoch nicht eine weitgehend unberührte Landschaft geschützt, sondern vielmehr eine beschaulich-ländliche Gegend von etwa 130 Quadratkilometern Größe vor Veränderungen bewahrt.
Cuyahoga nannten die Mohawk-Indianer einst den Fluss, der sich »gekrümmt« durch das Land windet und in Cleveland in den Lake Erie mündet. Der Fluss ist das prägende Element: Wasserfälle und Flusskehren wechseln sich ab mit Hügellandschaften und tief eingeschnittenen Schluchten. Aber nicht nur beschauliche Natur lockt, im Park verbirgt sich auch eines der frühen Industriedenkmäler der USA: der Ohio & Erie Canal. Zwischen 1825 und 1832 wurde er in der damaligen Wildnis des Cuyahoga-Tals angelegt, um die Hafenstadt Cleveland am Lake Erie mit der Ortschaft Portsmouth am Ohio River zu verbinden und eine schiffbare Passage durch die Wildnis zu schaffen. Zugleich wurde durch den Kanalbau die Besiedelung dieser Region schon früh vorangetrieben.

Schifffahrtskanal ohne Wasser

Heute können Besucher dem alten Kanal auf etwa 30 Kilometern Länge – von einst fast 500 Kilometern – zu Fuß oder mit dem Fahrrad folgen. Dazu hat man die einstigen Trampelpfade der Mulis, die die Schleppkähne flussaufwärts zogen, zum Ohio and Erie Canal Towpath Trail ausgebaut. Leider fehlt, um das Bild komplett zu machen, ein wichtiges Element: das Wasser. Der Kanal ist heute trocken, und es drängeln sich keine *Canawlers*, wie man die Kanalschiffer einst nannte, mehr auf dem Wasserlauf. Dennoch entdeckt man

entlang dem Trail immer noch Spuren vergangener Tage, etwa Reste ehemaliger Schleusen oder historische Bauten aus der Zeit der frühen Besiedelung. Diese Bauten geben Einblick in das Leben der Bauern im späten 19. und frühen 20. Jahrhundert und den Wandel der Landwirtschaft während des Zeitalters der Industrialisierung. Wer möchte, muss nicht den gleichen Weg zurückwandern oder -radeln, sondern kann eine Strecke gemütlich mit der Cuyahoga Valley Scenic Railroad durch das Tal zurücklegen.
Die Eisenbahnlinie entstand 1880, als man das Cuyahoga-Tal als Naherholungsgebiet von Cleveland und Akron entdeckte. Zuvor waren die Erholungsuchenden mit Kutschen oder auf Booten durch den Kanal ins Tal gereist. Einzelne Teile wurden bereits in den 1920er-Jahren als städtischer Naturpark ausgewiesen, doch erst durch die private Landspende des Geschäftsmanns Hayward Kendall 1929 konnten weite Teile des Tals unter Schutz gestellt werden. In den 1960er-Jahren setzten Bürger, die Angst vor einer Zersiedelung hatten, durch, dass es zur *National Recreation Area* erklärte wurde, was dann allerdings erst 1974 durch den damaligen Präsidenten Gerald Ford erfolgte. Der erste Schritt war gemacht, und im Oktober 2000 folgte die Erhebung zum Cuyahoga Valley National Park durch den US-Kongress. Auch die im Schutzgebiet liegende ehemalige Sporthalle von Cleveland, das Richfield Coliseum, wurde 1999 abgerissen: Eine Wiesenlandschaft, Heimat vieler Vögel, ist mittlerweile an dieser Stelle entstanden und belegt, dass man durchaus ehemalige Siedlungs- und Nutzgebiete erfolgreich renaturieren kann.

EINE ZUGFAHRT VOLLER GESCHICHTEN

Die Fahrt mit dem von einer alten Diesellok gezogenen Personenzug der Cuyahoga Valley Scenic Railroad (www.cvsr.com) ist mehr als nur ein gemütlicher Eisenbahnausflug. Zwar schaukelt der Zug im Schneckentempo durch das Tal des Cuyahoga Rivers, doch dafür bleibt mehr Zeit, den Geschichten zu lauschen, die während der Fahrt erzählt werden. So erfährt man Interessantes über das Leben der ersten Siedler in der Wildnis von Ohio oder hört von den Abenteuern eines Bootsführers am Kanal. Die Geschichten sollen die Landschaftseindrücke nicht nur ergänzen, sondern die Vergangenheit zu neuem Leben erwecken.

PARKINFORMATIONEN

www.nps.gov/cuva, freier Eintritt

Im äußersten Nordwesten der Großen Seen, nahe der kanadischen Grenze, liegt im Lake Superior mit der Isle Royal ein sehr ungewöhnlicher Nationalpark.

45 Isle Royale National Park

Besuch auf der »königlichen Insel«

Aus den Wellen des Lake Superior, des größten der fünf Großen Seen, taucht eine fast 60 Kilometer lange Insel auf, die nicht nur wegen ihrer landschaftlichen Schönheit und Abgeschiedenheit berühmt ist, sondern auch aufgrund ihrer unberührten seltenen Flora und Fauna, besonders aber wegen der Wölfe und Elche. Die Isle Royale, die »königliche Insel«, ist raues, wildes Land voll herber Schönheit.

Der Isle Royale National Park liegt im nordwestlichen Teil des Lake Superior, des westlichen der fünf so genannten Großen Seen, zu denen neben dem »Oberen See« der Lake Michigan, der Lake Huron, der Lake Erie und der Lake Ontario gehören. Der Park besteht nicht nur allein aus der »königlichen Insel«, sondern zum Schutzgebiet gehören an die 400 weitere, meist winzige Eilande. Mit über 70 Kilometern Länge und etwa 13 Kilometern Breite ist die Isle Royale zugleich die größte Insel im Oberen See. Sie liegt weit im Nordwesten, schon nahe der kanadischen Grenze, gehört aber noch zum US-Bundesstaat Michigan. Nachdem im Nationalpark auch das Gewässer in einem etwa sieben Kilometer breiten Saum um die Uferlinie herum einbezogen ist, kommt er auf eine Fläche von über 2300 Quadratkilometern. Da sich davon jedoch nur etwa 540 über dem Wasserspiegel befinden, ist der begehbare Parkteil einer der kleinsten im ganzen National-park-System.

Unberechenbare Gewässer

Einst lebten hier Fischer, es wurde Kupfer abgebaut, doch die meiste Zeit diente die Inselwelt um die Isle Royale als Feriengebiet. Die Gewässer wurden von den Schiffskapitänen gefürchtet, da extreme Wetterbedingungen, Untiefen und die verwirrende Vielfalt an Inseln das Navigieren erschwerten. Die Großen Seen zählen zu den unberechenbarsten Gewässern der Erde, sie frieren stellen- und zeitweise zu, und 350 Wracks sollen allein auf dem Grund des Lake Superior liegen. Dieser größte Frischwassersee der Welt ist wegen der extremen Wetterbedingungen, der Tiefe und seiner bis zu zehn Meter hohen Sturmwellen besonders gefürchtet.

Rund 245 000 Quadratkilometer umfasst die Fläche der fünf Großen Seen, die eher wie ein Ozean wirken denn wie ein Binnengewässer. Mit etwa 82 000 Quadratkilometern ist der Obere See, der Lake Superior, der größte und mit knapp 400 Metern auch der tiefste. Der kleinste ist der Lake Ontario, der bis zu

237 Meter tief ist. Vergleichsweise flach ist mit maximal 64 Metern der Lake Erie. Außer dem Lake Michigan (58 016 Quadratkilometer, 287 Meter tief) gehört noch der Lake Huron (59 586 Quadratkilometer, 229 Meter tief) zum Seengebiet.

Die Höhenunterschiede zwischen den einzelnen Seen – 184 Meter vom Lake Superior bis zum Meer am Gulf of St. Lawrence – hatte die Entstehung von Wasserfällen wie den berühmten Niagara Falls zwischen Lake Erie und Ontario zur Folge. Seit Eröffnung des St.-Lorenz-Strom-Kanals 1957 werden die Stufen durch ein kompliziertes Schleusensystem ausgeglichen. Unzählige Dämme und Wassertreppen sorgen dafür, dass selbst Ozeanriesen den Weg mühelos bewältigen können.

Kaum 16 000 Besucher finden den Weg in den Nationalpark, was einerseits am Wetter liegt. Da das Wasser um den See konstant nur etwa 10 Grad Celsius beträgt, wird es selbst im Sommer auf der Insel selten wärmer als 20 Grad. Zum anderen ist die Insel kein Tagesziel. Von drei Häfen aus erreicht man mit Fähren die beiden kleinen Stationen Rock Harbor und Windigo.

Die meisten Besucher bleiben in der Regel vier Tage, wandern über die Insel, beobachten die Tierwelt – berühmt sind die etwa 1000 hier lebenden Elche und um die 30 Wölfe – und genießen die Abgeschiedenheit. Parkranger sind in den Sommermonaten die einzigen permanenten Bewohner, die Gäste informieren, ihnen helfen und auch sonst für Ordnung sorgen.

FÄHRVERKEHR ZUR INSELWELT

Mit ihren 50 Metern Länge ist die Fähre »Ranger III« das größte Fahrzeug des National Park Service. Das Boot, das 125 Passagiere mitsamt Gepäck und Paddelbooten aufnehmen kann, fährt in den Sommermonaten zweimal pro Woche von der Hafenstadt Houghton (Michigan) zur Isle Royale – und am nächsten Tag wieder zurück. Im Sommer verkehren die kleineren Boote »Isle Royale Queen« (ab Copper Harbor, Michigan) und »Wenonah« (ab Grand Portage, Minnesota) täglich, während die »Voyageur II« (Grand Portage) nur dreimal wöchentlich unterwegs ist. Sie und kleine *Boat Taxis* pendeln zudem am Inselufer entlang, sodass Wanderer den Rückweg abkürzen können.

PARKINFORMATIONEN

www.nps.gov/isro, Eintritt $ 4 pro Person plus Fährüberfahrt.

Ein Park, der zu einem Drittel unter Wasser liegt: der Voyageurs National Park lockt im Norden von Minnesota Naturfreunde sommers wie winters und ist besonders für Wassersportler ein Highlight. Hier in der Ash River Area.

46 Voyageurs National Park

Nichts als Wald und Wasser

Überfliegt man die Wald- und Seenregion im Grenzland hoch im Norden zwischen dem US-Bundesstaat Minnesota und der kanadischen Provinz Ontario, wirken die Waldstücke wie Teile eines Puzzles, die jemand willkürlich über einer spiegelglatten Seeoberfläche verstreut hat. Sitzt man dann auf Seehöhe in einem Paddelboot, sieht alles ganz anders aus, und man verliert in dieser Welt aus Wald und Wasser schnell die Orientierung.

Der 1975 eingerichtete Voyageurs National Park umfasst etwa 880 Quadratkilometer, ein Drittel davon ist Wasser, wobei die vier Seen Rainy, Kabetogama, Namakan und Sand Point den Großteil ausmachen. Zahllose Wasserläufe verbinden die Seen und sorgen für ein Labyrinth an Wasserwegen. Kein Wunder, dass Kajak und Kanu die Hauptverkehrsmittel in diesem Nationalpark sind. Nur drei Straßen führen zu den Besucherzentren im Westen (Rainy Lake), Süden (Kabetogama Lake) und Südosten (Ash River) des Parks. Von hier aus muss man sich dann auf Boote verlassen. Trotz der Abgeschiedenheit des Parks im hohen Norden des Bundesstaats Minnesota an der Grenze zu Kanada, fast 500 Kilometer von der Metropolregion Minneapolis-St. Paul entfernt, finden sich jedes Jahr rund 220 000 Naturfreunde hier ein. Selbst im Winter kommen Besucher, denn dann machen es die zugefrorenen Seen möglich, das Gelände mit Schneefahrzeugen, Skiern oder Schneeschuhen zu erkunden.

Im Land der 10 000 Seen

Der Voyageurs National Park untermauert den Beinamen des Bundesstaats Minnesota als »Land der 10 000 Seen«. Speziell der Nordteil scheint nur aus Wasser, Felsen und Wald zu bestehen. Benannt ist er nach den ersten kanadischen Trappern, die mit ihren Kanus im 18. und 19. Jahrhundert im Auftrag der Pelzhandelsgesellschaften die Wald- und Seenlandschaft im Nordosten Nordamerikas erforschten. Diese *Voyageurs* verstanden sich meist gut mit den eigentlichen Herren des Landes, den Waldlandindianern – Dakota, Ojibwa, Cree oder Assiniboin – und trieben Handel mit ihnen. Noch heute befinden sich im Umkreis des Naturparks große Indianerreservate, und für sie ist der Wildreis eine wichtige Einnahmequelle. Es handelt sich dabei,

streng genommen, nicht um Reis, sondern um die Körner eines Wassergrases, das in den Uferregionen der Seen wächst. Dort ernten es die Indianer nach alter Sitte, indem sie die Ähren herunterbiegen und die Körner mit einem Stock ins Boot abschlagen und vom Boden einsammeln.
Es ist ein Erlebnis, mit Booten diese Welt aus Wald und Wasser zu erkunden. Doch es gibt andere Möglichkeiten, den Park zu erleben. Auch Wanderer kommen auf ihre Kosten, denn gerade die Kabetogama-Halbinsel wird von zahllosen Trails durchzogen. Viele kommen das ganze Jahr über zum Fischen, andere hoffen darauf, seltene Tiere wie Weißkopfseeadler oder Wölfe in freier Natur beobachten zu können. Parkranger bieten naturkundliche Vorträge und Exkursionen von den Besucherzentren aus an. Alle Aktivitäten setzen jedoch genügend Zeit voraus, allein angesichts der Distanzen und der fehlenden Straßen. Eine mehrstündige Paddeltour vermittelt zwar einen ersten Eindruck, doch erst, wer mindestens eine Nacht im Zelt in der Wildnis verbracht hat, wird diesen ungewöhnlichen Naturpark zu schätzen wissen.
Der Voyageurs National Park liegt am südlichen Ende des sogenannten kanadischen Schildes, der mit 4,7 Millionen Quadratkilometern fast die Häfte Kanadas zwischen Labrador und den Northwest Territories einnimmt und hier sogar in die USA hineinreicht. Es handelt sich um den geologischen Kern Nordamerikas und das älteste Gesteinsplateau des Kontinents. Während der Eiszeit komplett von Eis bedeckt, haben Gletscher die Landschaft geformt und eine ungewöhnliche und unendlich erscheinende Seenlandschaft hervorgebracht. Das Klima bestimmen hier polare Strömungen, die für kalte, schnee- und eisreiche Winter sowie für relativ kühle Sommer sorgen.

DULUTH, EINER DER GRÖSSTEN BINNENHAFEN DER WELT

Dort, wo Wald und Wasser auf das Westufer des Lake Superior treffen, liegt in Duluth einer der größten Binnenhäfen der Welt. Wahrzeichen der malerisch in einer Bucht gelegenen Stadt, der Geburtsstadt Bob Dylans, ist die 1905 erbaute Aerial Lift Bridge, eine Zugbrücke in der Hafeneinfahrt. Hauptsehenswürdigkeiten sind das Great Lakes Aquarium, das Einblick in das Ökosystem der Großen Seen gibt, und das im Depot des alten Bahnhofs untergebrachte Eisenbahnmuseum. Atemberaubend ist die Fahrt entlang dem North Shore Scenic Drive, der parallel zum Superior-(Wander-)Trail verläuft, zum 1910 eröffneten Split Rock Lighthouse.
Infos zu Duluth www.visitduluth.com

PARKINFORMATIONEN

www.nps.gov/voya, freier Eintritt;
allgemein: www.greatlakes.de

Nicht jeder weiß es: Die Statue of Liberty auf dem Manhattan vorgelagerten Inselchen Liberty Island untersteht staatlichem Schutz und ist ein National Monument.
Rechte Seite: Blick vom Battery Park.

47 Statue of Liberty Nat. Monument

Symbol für Freiheit und Demokratie

»Gib mir deine müden, deine armen, deine niedergedrückten Massen, die sich danach sehnen, frei zu atmen.« Dieses Sonett aus *The New Colossus* von Emma Lazarus ist zugleich die Inschrift auf dem Sockel der Freiheitsstatue. Das Wahrzeichen New Yorks steht vor der Hafeneinfahrt als Symbol für Freiheit und Demokratie. Die fast 34 Meter hoch gewachsene Dame gilt aber auch als nationales Heiligtum und viel besuchte Pilgerstätte.

Die *Statue of Liberty* war ein Geschenk der französischen Nation an die USA, um Amerikas Vorreiterrolle beim Aufbau eines modernen demokratischen Systems zu würdigen. Schon um 1865 hatten erste Pläne vorgelegen, doch erst zur Hundertjahrfeier Amerikas im Jahr 1876 wurde ernsthaft mit der Realisierung begonnen. 1884 war es dann so weit: Die von Frédéric-Auguste Bartholdi (1834–1904) unter Mithilfe des Ingenieurs Gustave Eiffel (1832–1923) nach dem Vorbild antiker Monumentalfiguren – wie dem Koloss von Rhodos – geschaffene Freiheitsstatue wurde erstmals auf der Weltausstellung in Paris präsentiert.

Das Modell Amerika

Die Idee, ein solches Monument zu schaffen, stammte von dem französischen Politiker Lefevre de Laboulaye, der unter Kaiser Napoleon III. für das »Modell Amerika« schwärmte. Einerseits glaubte er, dass eine solche Figur die republikanischen Ideale in Frankreich stärken könnte, andererseits meinte er, sie würde die Freundschaft zu Amerika fördern. Dass die Statue in New York, dem damaligen Tor zur Neuen Welt stehen musste, war von Anfang an klar; wo genau, entschied Bartholdi spontan beim Einlaufen in den Hafen 1871: Das kleine, der Spitze Manhattans vorgelagerte Bedloe's Island – 1956 in Liberty Island umbenannt – war für ihn der geeignete Standort.
Ein Jahr nach der Pariser Weltaustellung wurde die Statue demontiert und auf die Reise über den Atlantik geschickt. Unter großem Getöse traf sie im Hafen von New York ein, offiziell enthüllt wurde sie nach einer Parade durch die Stadt am 28. Oktober 1886 von Präsident Grover Cleveland. Hundert Jahre später erhielt die Freiheitsstatue sozusagen als Geburtstagsgeschenk schließlich eine komplette Renovierung, und dabei

wurde auch ein Museum im Sockelbereich eingerichtet.
Mit über 3,5 Millionen Besuchern gehört die Statue of Liberty zu den meistbesuchten Denkmälern in den USA. Nachdem vom 11. September 2001 an die obere Plattform gesperrt war, darf man seit 2009 den beliebten Aussichtspunkt in der Krone wieder besteigen, allerdings nur nach (langer) vorheriger Ticketreservierung und in begrenzter Zahl.

Von der Liberty nach Ellis Island

Die kostenlose Staten Island Ferry bringt Besucher nach der Besichtigung zurück nach Manhattan, und auf der Fahrt dorthin rückt ein weiteres Wahrzeichen der Stadt ins Blickfeld: das Ellis Island National Monument. Zwischen 1892 und 1954 befand sich hier die wichtigste Einwanderungsstation der USA. Rund zwölf Millionen Immigranten aus aller Welt betraten hier erstmals amerikanischen Boden, wurden registriert, befragt, medizinisch untersucht und anschließend zugelassen oder abgewiesen. Nach der Schließung war der Gebäudekomplex vom Verfall bedroht, doch der Abriss konnte gerade noch abgewendet werden. Derzeit plant man die Wiedereröffnung einiger weiterer der rund 35 großteils nicht zugänglichen Bauten.
1965 wurde ein Museum eingerichtet und dessen Hauptbau mit der *Great Hall*, der Ankunftshalle, wurde vor einigen Jahren beispielhaft renoviert und bildet zusammen mit Fährbüro, Gepäckraum, Schlafsälen, Krankenstation und Speisesaal das sehenswerte Ellis Island Immigration Museum. Anhand von Filmen und Tonaufnahmen, mit Tagebuchaufzeichnungen, Fotos, Briefen und persönlichen Erinnerungsstücken lässt man in verschiedenen Abteilungen vier Jahrhunderte Einwanderungsgeschichte Revue passieren. Zeugnis davon legt außerdem eindrucksvoll die Wall of Honor hinter dem Hauptgebäude ab, die die Namen aller Zugewanderten nennt.

BESUCH BEI DER STATUE OF LIBERTY

Zur Statue of Liberty verkehren Fähren der Circle Line ab Castle Clinton/Battery Park. Sie fahren außerdem Ellis Island an, beide Inseln kosten keinen Eintritt, lediglich die Fährüberfahrt ist kostenpflichtig. Es gibt drei Ticketvarianten: das Reserve Ticket (kostenlos mit Kauf des Fährttickets), das Zugang zu beiden Inseln gewährt; das Pedestal/Museum Ticket (kostenlos auf »first-come, first-served«-Basis in begrenzter Zahl am Ticketschalter erhältlich, inklusive Museum und Observation Deck im Sockel) und das Crown Ticket (zusätzlich Aussichtsplattform in der Krone, $ 3 extra). Dieses Ticket muss im Internet oder telefonisch lange im Voraus bestellt werden.
Tickets: www.statuecruises.com oder Tel. 001-877-523-9849 (in USA gratis)

PARKINFORMATIONEN

www.nps.gov/stli, Eintritt frei (Krone $ 3), Fährticket $ 12 für Liberty und Ellis Island.

»National Mall and Memorial Parks« heißt das mit Sehenswürdigkeiten gespickte Zentrum der US-Hauptstadt Washington offiziell. Es handelt sich um eine Verwaltungseinheit des National Park Service. Ganz oben: Das Kapitol. Unten: Lincoln Memorial. Rechte Seite: Das Weiße Haus. Rechts oben: Washington Monument.

48 National Mall (Washington D.C.)

Kultur im Schatten der Politik

Die Bundeshauptstadt Washington D.C. hat viele Funktionen: Schaltzentrale der Weltpolitik, Heimat der modernen Demokratie, Kunst- und Kulturzentrum mit zahlreichen Weltklasse-Museen und Aufstellungsort altehrwürdiger Denkmäler. Washington ist ein Unikum: Auf neutralem Grund als Hauptstadt geplant, handelt es sich um die einzige Stadt in den USA, die einen ganzen Bundesstaat, den *District of Columbia*, ausmacht.

Washington, kurz D.C. genannt, liegt am Ostufer des Potomac River, der rund 30 Kilometer südöstlich in die Chesapeake Bay mündet. Als Hauptstadt war Washington zunächst eine Notlösung, denn die Gründerväter der USA konnten sich nicht einigen. Daher wählte George Washington höchstpersönlich ein Stück bis dato weitgehend unbesiedelten Lands am Potomac River aus, das zu gut zwei Dritteln zu Maryland, im Übrigen zu Virginia gehörte, und nannte es *District of Columbia*. Der aus Frankreich stammende Offizier und gelernte Architekt Pierre L'Enfant wurde mit der Stadtplanung beauftragt, und diese erwies sich als wegweisend: Er schuf ein klares, rechtwinkliges Straßennetz, eingeteilt in vier Quadranten. Hauptachse, Prachtmeile und Aushängeschild wurde die 500 Meter breite vom Kapitol zum Potomac River reichende Grand Avenue oder *National Mall*.

Ursprünglich als grüne Erholungsoase geplant, wurde sie im Laufe der Jahre mit Museen und Monumenten bestückt, und heute reihen sich zwischen Kapitol im Osten und Weißem Haus im Westen mehrere Museen aneinander, die überwiegend zur Smithsonian Institution gehören. Diese 1846 gegründete Organisation geht auf eine Spende des britischen Chemikers und Gelehrten James Smithson zurück, der bei seinem Tod 1829 den USA Geld für »die Erweiterung und Verbreitung von Wissen« testamentarisch vermacht hatte. Das Smithonian finanziert sich bis heute über Mitglieder und Spenden, und der Eintritt zu allen Museen ist frei.
Zu den unbedingt sehenswerten Museen an der National Mall gehören das National Museum of Natural History mit über 120 Millionen naturwissenschaftlichen Objekten und, in nächster Nachbarschaft, das National Museum of American History. Hier gibt es eine Viel-

zahl unterschiedlicher Exponate zu sozialen, kulturellen, wissenschaftlichen und technischen Errungenschaften in der über 200-jährigen US-Geschichte zu sehen. Die National Gallery of Art zählt zu den herausragenden Kunstmuseen der USA, dahinter lädt das neue Newseum zum multimedialen Entdecken der Medienwelt ein.
Das 2004 eröffnete National Museum of the American Indian fällt nicht nur wegen seiner Architektur auf, sondern gilt als größtes Indianermuseum der Welt. Der Luft- und Raumfahrt verschrieben hat sich hingegen das National Air and Space Museum, während im Hirshhorn Museum die hochkarätige moderne Kunstsammlung des Finanziers Joseph H. Hirshhorn (1899–1981) präsentiert wird. Neben dem Smithsonian Institution Building von 1855 (heute Besucherzentrum), wartet im National Museum of African Art eine Sammlung afrikanischer, in der Arthur M. Sackler Gallery hochkarätige asiatische Kunst.
Direkt mit Letzterer verbunden ist die Freer Gallery of Art, wo neben orientalischer Kunst aus dem Nahen und Fernen Osten amerikanische Kunst des 19. und 20. Jahrhunderts zu bewundern ist. Nördlich der Mall liegen die National Portrait Gallery und das unlängst neu eröffnete National Museum of American Art.
Wenige Schritte südlich der National Mall, auf Höhe des Weißen Hauses, fällt allein wegen der Architektur das US-Holocaust Memorial Museum ins Auge. 1993 nach Plänen von James Ingo Freed errichtet, sind die Farb- und Materialkontraste ebenso ungewöhnlich wie der Turm, der dem Wachtturm eines Konzentrationslagers nachempfunden ist. Im Westteil der Mall erinnern gleich mehrere Denkmäler an den Zweiten Weltkrieg, an den Vietnam- und den Korea-Krieg, aber auch an vier der bedeutendsten Präsidenten der USA: Abraham Lincoln, Franklin D. Roosevelt, Thomas Jefferson und George Washington.

GERMAN AMERICAN HERITAGE MUSEUM

2010 wurde das German American Heritage Museum eröffnet. Es erinnert an die deutschen Einwanderer und ihren Einfluss auf das Leben in Amerika. Die Geschichte der Amerikaner deutscher Abstammung und ihr Beitrag zum Aufbau der USA werden ebenso thematisiert wie große Deutsche – so Friedrich Wilhelm von Steuben, Levi Strauss, Carl Schurz oder Babe Ruth –, deutsche Traditionen und Musik, deutsche Clubs oder Deutsche Welle.

PARKINFORMATIONEN

www.nps.gov/nama, freier Eintritt; zur Smithonian Institution mit ihren Museen: www.si.edu

Hier entstehen bis heute die »heiligen Pfeifen« der Dakota: Die Steinbrüche des Pipestone National Monument liegen in idyllischer Landschaft und dürfen nur von den Indianern genutzt werden.

49 Pipestone National Monument

Die »Heiligen Steinbrüche« der Indianer

Aus Karl Mays Winnetou-Bänden kennt jeder die Friedenspfeife. Es war jedoch der Maler George Catlin (1796–1872), der als erster Weißer der Geschichte der Friedenspfeife und ihrer Herkunft nachging. Die Dakotas, eine der drei Gruppen der berühmten Sioux, berichteten ihm nicht nur von der Herkunft der »Heiligen Pfeifen«, sondern auch von den »Heiligen Steinbrüchen«. Diese fand Catlin 1836 in der Südwestecke des heutigen US-Bundesstaats Minnesota, und ihm zu Ehren wurde der hier anstehende rote Tonstein Catlinit genannt. Dünne Schichten dieses dank Spuren von Hämatit rot gefärbten Gesteins lagern zwischen dickeren Quarzitstreifen. Der Catlinit ist relativ weich und kann sogar mit Knochenwerkzeugen bearbeitet werden. Archäologische Funde belegen die Verwendung geschnitzter Pfeifenköpfe in Nordamerika bereits seit über 3000 Jahren.

Die Steinbrüche waren ab dem 17. Jahrhundert von den Dakota-Indianern kontrolliert und ausgebeutet worden. Als diese in ein Reservat in South Dakota umgesiedelt wurden, verkauften sie in den 1920er-Jahren die Steinbrüche an die Bundesregierung – mit der Auflage, dass der Abbau des Gesteins zu zeremoniellen Zwecken nur Indianern vorbehalten bliebe. So wurde 1937 das Pipestone National Monument nahe der gleichnamigen Ortschaft unter Schutz gestellt. Bis heute sind spezielle Lizenzen und die Mitgliedschaft in der »Keepers of the Sacred Tradition of Pipemakers«-Gesellschaft nötig, um mit einfachen Werkzeugen in Handarbeit und in kleinen Mengen in vier bis sechs Meter tiefen Gruben im ebenen Prärieboden diesen Pfeifenstein abbauen zu dürfen.

Über die Pfeifen und die Indianer, aber auch über die Landschaft ringsum – eine der wenigen ursprünglichen und nie landwirtschaftlich genutzten Hochgrasprärien Nordamerikas –, erfährt der Besucher mehr im zugehörigen Visitor Center. Hier kann man indianischen Handwerkern zusehen und sich anschließend im südlich gelegenen Vereinssitz und Laden der Pfeifenmachergilde, dem Keepers Gift Shop & Gallery, betreut von Bud Johnston, umsehen (www.pipekeepers.org). Hier und im Besucherzentrum kann man auch Pfeifen und indianisches Kunsthandwerk kaufen.

PARKINFORMATIONEN: www.nps.gov/pipe, $ 3 pro Person

50 Gettysburg National Military Park

»... these dead shall not have died in vain ...«

Diese Toten sollen ihr Leben nicht umsonst verloren haben ...« – obwohl die Rede von Präsident Abraham Lincoln an jenem trüben 19. November 1863 auf dem Friedhof von Gettysburg nur etwa zwei Minuten dauerte und lediglich 272 Worte umfasste, war ihr Inhalt gewichtig. Der versöhnliche Ton gegenüber den Südstaaten zwei Jahre vor Ende des verheerenden Bürgerkriegs sorgte dafür, dass Lincolns *Gettysburg Address* in die Geschichtsbücher einging.

Gettysburg wäre heute kaum mehr als ein unscheinbares Provinzstädtchen im Süden Pennsylvanias, hätte hier nicht eine der blutigsten Schlachten des amerikanischen Bürgerkriegs stattgefunden. Heute zieht der Gettysburg National Military Park jährlich Zehntausende an, die das Schlachtfeld, auf dem rund 40 000 Menschen starben, besuchen. Vom 1. bis 3. Juli 1863 hatten sich hier Konföderierte und Unionstruppen eine der bedeutendsten Schlachten des Bürgerkriegs geliefert. Jene als *Three Days of Destiny* in die Chroniken eingegangenen Tage markierten zugleich einen Wendepunkt, denn von der erlittenen Niederlage erholten sich die Südstaaten nie mehr. Die Truppen der Konföderierten versuchten sich zwar noch fast zwei weitere Jahre gegen den Untergang zu wehren, mussten jedoch letztlich am 9. April 1865 im Appomattox Court House (Virginia) kapitulieren. Das Visitor Center und das Cyclorama Center, in dem eine Light&Sound-Präsentation in einer Rotunde mit einem über 100 Meter langem Wandgemälde den Schlachtverlauf erklärt, sollten die ersten Anlaufpunkte in Gettysburg sein. Anschließend sind entlang einer rund 30 Kilometer langen Route durch den Gettysburg National Military Park, zu der man im Besucherzentrum einen Plan erhält, 16 wichtige Stationen der Schlacht durch Erläuterungstafeln markiert. Man passiert entlang der Strecke verschiedene Monumente, Schlachtstellungen und -aktionen, Friedhöfe und Denkmäler. Der Gedanke daran, dass im Verlauf dieser Schlacht 40 000 Tote zu beklagen waren, lässt einen am Ende nachdenken über die Sinnlosigkeit des Kriegs.

PARKINFORMATIONEN: www.nps.gov/gett, Eintritt: $ 10,50 pro Person für Museum und Besucherzentrum

Ein tragischer Ort, an dem rund 40 000 Menschen ums Leben kamen: Der Gettysburg National Military Park legt Zeugnis von einer der entscheidenden Schlachten im amerikanischen Bürgerkrieg ab.

Wasserfälle und Felslandschaften, Wüsten und Wälder, Sümpfe und Küsten – Amerikas Nationalparks bieten eine unglaubliche Vielfalt an Landschaften. Hier die Winnewissa Falls.

Ob im Camper oder im Mietwagen unterwegs – die Nationalparks bieten jedem Besucher die Möglichkeit, Flora und Fauna auf seine Art kennenzulernen. Ganz oben: Saguaro National Park. Mitte: Teton Mountain Range. Unten: Zwergfalke.

Nationalparks – Praktische Tipps

Informationen zu den Nationalparks

www.nps.gov – offizielle Seite des National Park Service mit Links
www.nationalparks.org – Webseite der National Park Foundation
www.recreation.gov – Seite der USGS (U.S. Geological Survey), Jahrestickets, Touren, Camping und Aktivitäten
www.ohranger.com – Infos zu allen Nationalparks online, eher Blog mit Fragen und Antworten; nach Staaten sortiert zu allen Parks und Public Lands.

Infrastruktur

Zu jedem Nationalpark gibt es eine oder mehrere Zufahrten, dort wird die Gebühr kassiert und gibt es ein Faltblatt mit den Basisinfos Park. Zusätzlich befindet sich fast immer in der Nähe der Zufahrt ein Besucherzentrum. Dort erhält man zusätzlich Auskunft zu Wanderungen und Camping, Rangertouren und sonstigen Veranstaltungen. Dazu gehören oft kleine Ausstellungen und/oder Film- und Dia-Shows zur spezifischen Flora und Fauna, Geologie und Geografie, Geschichte und anderen Besonderheiten des jeweiligen Parks. Meist gibt es einen Shop oder Verkaufsstand mit weiterführender Literatur, Karten und Souvenirs.

Eintritt

Der Eintritt wird im Allgemeinen pro (Privat-)Fahrzeug berechnet, im Regelfall inklusive vier Insassen. Die Gebühr liegt bei $ 5 bis $ 25 je nach Park. Mit dem Kassenbon darf man für gewöhnlich sieben Tage im Park bleiben bzw. beliebig ein- und ausfahren. Wer mehrere Parks besuchen möchte, sollte den Kauf eines National-Park-Passes *America the Beautiful* oder *Interagency Annual Pass* erwägen. Ein solcher kostet derzeit $ 80, gilt ein ganzes Jahr in allen amerikanischen Nationalparks und anderen Naturschutzgebieten für drei Insassen eines Fahrzeugs über 16 Jahre; Kinder unter 15 sind gratis. Der Pass kann auch im Internet unter **http://store.usgs.gov/pass** erworben werden. Gelegentlich, wie bei Yellowstone und Grand Teton, gilt der Eintritt für zwei benachbarte Parks und manchmal, im Winter, wenn viele Straßen gesperrt sind, oder an bestimmten (Feier-)Tagen wird eine niedrigere oder gar keine Gebühr erhoben.

Shuttle Service

In den meistbesuchten Nationalparks gibt es in der Hochsaison, je nach Klimazone von April oder Mai bis September oder Oktober kostenlose Shuttlebusse innerhalb der Parkgrenzen mit Stopps an verschiedenen Aussichtspunkten. Bisher ist die Nutzung dieser Kleinbusse nur im Zion und Teilen des Grand Canyon National Park zu bestimmten Zeiten obligatorisch, in vielen anderen jedoch empfehlenswert, z. B. im Bryce Canyon, im Yosemite Valley, im Glacier, im Denali National Park, am Grand Canyon South Rim, im Rocky Mountain National Park oder im Sequoia & Kings Canyon National Park.

Camping

In den meisten National Parks oder Forests gibt es kostenpflichtige Campingplätze, *campsides*, unterschiedlicher, meist einfacher Ausstattung, aber in häufig reizvoller Lage. Sie sind daher sehr begehrt und in der Hochsaison schnell gefüllt, zumal in der Regel das System *first come, first served* gilt und nur ein Teil über einen zentralen Reservierungsservice (s. unten) gebucht werden kann. Für gewöhnlich bekommen Interessenten nach Erscheinen einen nummerierten Stellplatz zugewiesen. Oft besteht darüber hinaus die Möglichkeit zu kostenlosem *backcountry camping* nach Einholen einer Erlaubnis (*permit*) in einer Ranger-Station.

Teurer und besser ausgestattet sind meist die kommerziell betriebenen Plätze, speziell jene von KOA – mit sogenannten *Hook-ups*, d. h. Wasser-, Stromanschluss und Abwasserentsorgung, *dump stations*, sowie Sanitäreinrichtungen wie Duschen und WC, Shops und andere Gemeinschaftseinrichtungen. Sie befinden sich nie in den Parks, sondern im Umfeld. Bei privaten Plätzen ist der Standard höchst unterschiedlich. Die Preise beginnen bei ungefähr $ 15, wobei die KOA-Plätze in der oberen Kategorie liegen.

Hilfreich bei der Campingplanung sind:

www.recreation.gov, Tel. 001-877-444-6777 (gratis in USA), die einzige Buchungsmöglichkeit für National Park-Campingplätze

www.reserveamerica.com – Campground Directory für Park- und private Campgrounds, die dem Reservierungssystem angeschlossen sind.

www.koakampgrounds.com – KOA-Campingplätze, mit Reservierungsmöglichkeit

www.camping-usa.com – ein hilfreicher *Campgrounds Directory*, der über 12 000 Campingplätzen in Parks, privat u. a. verzeichnet.

AAA CampBooks und **der Rand McNelly Campground & Trailer Park Guide**

Unterkünfte

Die Unterkünfte in den (großen) Parks werden meist wie Läden, Outfitter, Busbetreiber u. a. von Privatunternehmen wie Xanterra Parks & Resorts verwaltet. Bei Weitem nicht alle Parks verfügen über Herbergen innerhalb des Areals, doch sofern solche oft rustikalen Unterkünfte (Lodges) vorhanden sind, müssen diese langfristig vorher gebucht werden. Darüber hinaus bieten sich meist preiswertere Unterkünfte in den am Parkrand gelegenen Orten.

Infos zu Unterkünften in den Parks finden sich unter den einzelnen Parks unter www.nps.gov/... (siehe einzelne Kapitel).

www.nationalparkreservations.com, Tel. 001-866-875-8456 (gratis in USA) bzw. 001-406-862-8190 – Viele, aber bei Weitem nicht alle National Parks sind diesem privaten Reservierungssystem (Gebühr!) angeschlossen

www.nationalparkhotelguide.com – *Where to stay in America's National Park?* Liste nach Staaten und Parks sortiert, allerdings werden überwiegend in Randgemeinden befindliche Hotels und Motels empfohlen. Mit Sofortbuchungsmöglichkeit.

Auf den Spuren der Indianer wandeln, die Flora und Fauna entdecken oder einfach nur wandernd die Landschaft erkunden: Nationalparks bieten für jeden Geschmack etwas.

Ganz oben: Der Lakota Ron Hawks beim Scotts Bluff.

Mitte: Silberschwertpflanze auf Hawai.

Unten: Blue Lake Trail.

Amerikas Nationalparks lassen sich nicht auf die Schnelle entdecken. Man braucht Zeit und viele Reisen, um die gesamte Bandbreite auch nur annähernd kennenzulernen.
Mitte: Der Lakota-Häuptling Ron Hawks im Fort Laramie.

Register

Von Cowboys und Indianern, über Flora und Fauna, bis hin zu spektakulären Sonnenuntergängen und Landschaften, je nach Park werden die Erinnerungen anders geartet sein.

Es gibt sie noch, die »unberührte Natur« mit Tieren, Pflanzen und Landschaften, wie sie viele Besucher zuvor noch nie gesehen haben. Auf in die amerikanischen Nationalparks!
Ganz oben: Eistaucher.
Mitte: Indianische Felszeichnungen.
Unten: Truthahn.

Impressum

Unsere Gesamtverzeichnis finden Sie unter:
www.bruckmann.de

Produktmanagement: Susanne Kaufmann, Dr. Birgit Kneip
Textlektorat: Kristin Bamberg, München
Graphische Gestaltung: graphitecture, Rosenheim
Kartografie: Astrid Fischer-Leitl, München
Herstellung: Bettina Schippel
Repro: Repro Ludwig, Zell am See
Printed in Italy by Printer Trento

Alle Angaben dieses Bandes wurden von den Autoren sorgfältig recherchiert und vom Verlag auf Stimmigkeit und Aktualität geprüft. Allerdings kann keine Haftung für die Richtigkeit der Informationen übernommen werden. Für Hinweise und Anregungen sind wir dankbar.

Für Hinweise und Anregungen sind wir jederzeit dankbar. Bitte richten Sie diese an:

Bruckmann Verlag,
Produktmanagement,
Postfach 400209,
D-80702 München
E-Mail: lektorat@bruckmann.de

Bildnachweis:
Picture-Alliance/DPA, Frankfurt am Main:
S. 33 o.r., 46 u., 47 o.r., 59 o.r., 82 (2), 83 o.r., 83 u.l., 87 o.r., 103, 111 o.r., 112, 119 o.r., 155 o.r.,
Margit Brinke / Peter Kränzle, Augsburg:
S. 43 o.r., 63 r. o., 67 o.r., 77 o.r., 137 o.r., 143 o.r., 145 o.r.,
Alle anderen Bilder: Christian Heeb

Umschlagvorderseite:
Oben: Grizzly in Alaska
Mitte: Monument Valley, Utah
Unten: Mount McKinley, Alaska
Umschlagrückseite, v.l.n.r: Arches National Park; Häuptling Delvis Heath jr., Warm Springs, Oregon; Big Cypress Swamp, Florida.
Hintere Klappe: Carter Shields Cabin in den Vordere Klappe: Moose.Great Smokey Mountains.
Vorsatz: Death Valley, nahe Zabriskie Point.
Seite 5: Mount Rushmore Memorial.
Seite 6/7: Birch Lake, Boundary Waters Wilderness Canoe Area, Minnesota.
Nachsatz: Idaho Falls, Idaho

Die Deutsche Nationalbibliothek verzeichnet diese Publikation in der Deutschen Nationalbibliografie; detaillierte bibliografische Daten sind im Internet über http://dnb.d-nb.de abrufbar.

ISBN 978-3-7654-5412-7

In gleicher Reihe erschienen...

ISBN 978-3-7654-5437-0

ISBN 978-3-7654-4889-8

ISBN 978-3-7654-4828-7

ISBN 978-3-7654-5154-6

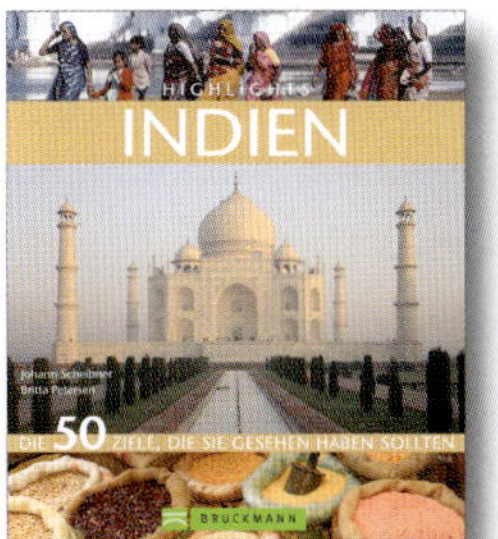

ISBN 978-3-7654-4817-1

ISBN 978-3-7654-5214-7

ISBN 978-3-7654-4617-7

ISBN 978-3-7654-5426-4

ISBN 978-3-7654-4760-0

ISBN 978-3-7654-4869-0

ISBN 978-3-7654-4750-1

ISBN 978-3-7654-4827-0

ISBN 978-3-7654-4973-4

ISBN 978-3-7654-4748-8

ISBN 978-3-7654-4749-5

ISBN 978-3-7654-4604-7